3~6岁性格能力培养

石艳芳 —————— 编著

中国轻工业出版社

前言
PREFACE

也许你羡慕别人家的孩子可以和父母无话不谈，羡慕别人家的孩子性情温和、温文尔雅，羡慕别人家的孩子智商高、情商高，羡慕别人家的孩子爱读书、爱运动、身体棒……

教育从来都不只是孩子的功课，还是父母的修行。爱虽是一种本能，但高质量的爱需要父母永不停息的自我成长。好的教育，应该是父母与孩子共同成长。在这个多元的世界里，现在的父母对于孩子的养育大多是迷茫的、焦虑的，也有不假思索、照搬父辈育儿经验的。因此，很多父母都希望能有一本高效、实用、轻松的参考书给予指导。

高效：家长们太忙了，但教育孩子本是个复杂的体系，面对琳琅满目的育儿书没那么多时间甄选，也没那么多时间系统学习。虽然书里讲了很多方法，但并不知怎么用。本书提供给家长高效的育儿方法，操作起来轻松简单，容易掌握，关键还有用。

实用：家长们太迷茫了——对于孩子的种种行为表示不理解，针对某种行为家长不知所措，因此在家里经常出现亲子相爱相杀的画面，很多家长表示“我太难了”。本书针对性解读孩子的“奇怪”行为，面对这些问题一一给出答案。

轻松：现在的家长太焦虑了，面对孩子的一点小问题就上纲上线，甚至看到一些不良行为就对号入座，其实很多问题都是家长大惊小怪。本书带你看看世界各地家长的育儿方式，法式的浪漫优雅、北欧的随性自然……帮你缓解育儿焦虑。

本书从亲子关系、性格与品德、智力开发、能力培养、习惯养成等角度出发，提供方法，并通过真实案例分析，让家长明白自己在育儿中存在的问题，以及面对这些问题怎样解决是有效的，什么样的方法是不可取的。希望本书能给家长们一些借鉴和参考。

推荐序

3~6 岁是儿童身心发展很重要的阶段。

意大利著名儿童早期教育专家蒙台梭利提出儿童身心发展敏感期。具体说：语言发展的敏感期为 6 岁以前；秩序的敏感期是 2~4 岁；感官的敏感期为 6 岁之前；对细微事物感兴趣的敏感期为 1.5~4 岁；动作敏感期为 6 岁之前；社会规范敏感期为 2.5~5 岁；阅读敏感期为 4.5~5.5 岁。从蒙台梭利的研究可以看出，3~6 岁这个年龄段对孩子一生的影响很大，在敏感期能以孩子发展的规律科学育儿，可以起到事半功倍的效果。

《3~6 岁性格能力培养》一书，从亲子关系、性格与品德、智力开发、能力培养、习惯养成以及营养角度出发，提供了非常具体的育儿智慧，从具体案例出发阐述育儿理念，因此本书可读性很强。

教育是未来，孩子是明天。本书可以让父母以科学智慧培育一代德、智、体、美、劳全面发展的可靠的接班人和合格的建设者。

我是一名儿童心理学研究工作者，诚意地向大家推荐这本大众化、实用性的科学育儿图书。3~6 岁是对孩子进行科学启蒙教育的关键期。祝愿广大父母做智慧父母，育阳光孩子。

中国科学院心理研究所

张梅玲 研究员

2020 年 7 月 12 日

目录 CONTENTS

Part 2 性格与品德
美好人生的基石

Part 3 智力开发
打开通往成功大门的快速通道

Part 5

习惯养成

好习惯让生活更轻松

附录

世界不同地区
育儿方式趣味碰撞

荷兰：养育全世界最幸福的小孩儿

故事分享

米兰是个荷兰小孩，一天放学后，爸爸接她时，看到米兰不太开心，就问她怎么了。米兰说："最近开始学认字了，可我总是记不住，很多小朋友都已经记住很多了，我记住的字却很少"。爸爸了解了她不开心的原因之后，说："那么你自己和自己比是否有进步呢？有没有比上个星期认识的字更多呢？"米兰点点头说："嗯，比以前认识的多了很多。""这就足够了。"爸爸说："不要总盯着别人看，看见自己的进步也很重要，而且好的心情会让学习效率更高！"说完，爸爸把米兰带到家附近的那棵有点歪、树皮已经被小朋友磨光的老树下，陪她一起爬树。爬树的时光总是很快乐。

荷兰的孩子很喜欢上学。没有作业、考试等带来的竞争压力，荷兰的孩子在学校与同龄人相处时也更加友好，互帮互助。学校不主张"小天才"式的竞争教育；家长也不攀比谁家的孩子钢琴弹得好，谁的孩子体育比赛获奖了；政府教育部门也不鼓励孩子去上课外学习班。相反，荷兰父母不是很关心自己的孩子是不是最聪明的，而是希望他们是最轻松快乐的。

荷兰的父母相信每个孩子都有自己的特长，每个孩子都应该做自己，让孩子自己选择兴趣爱好和发展的方向，他们认为"父母的作用是要进行正确引导而不是干预"。在这样的教育机制与环境下，孩子们过得更开心、轻松，因此说荷兰的孩子是世界上最幸福的小孩儿。

挪威：注重大自然养育，拥有健康的生活

故事分享

萨拉是个在挪威出生的小孩，无论外面是冰雪还是狂风天气，父母都会义无反顾地送她去上学，而且父母也常教导她开心乐观地面对所有的“坏天气”。在萨拉很小的时候，父母在她午睡时，即使天气寒冷，也会用婴儿车把她推到室外接触大自然。父母认为户外新鲜的空气更有利于孩子的身体健康。而大部分家长和老师也都一致认为，人是大自然的一部分，人不应该和大自然过度分离。

萨拉所在的幼儿园也很注重“自然养育”，萨拉经常满脸带着土、脏兮兮而快乐地回家。因为孩子们在幼儿园会在草地上打滚，沙坑里玩沙，时不时还要跑到山坡上望风。老师们认为，只要孩子没有生命危险，就不应过度干预。

萨拉每周最开心的就是上户外课，老师每周都会带着孩子们到森林里待上半天，不是为了上什么课，主要目的是让他们亲近大自然。

挪威是北欧国家，北欧人很注重生活，人们具有悠闲的人生态度，而北欧人的家庭观念也很强，很多北欧人只要一放假，就会迫不及待地和家人一起享受阳光、海滩、滑雪、骑行等带来的快乐。

《柳叶刀》发布的一份研究报告显示，挪威是全球最适合培养孩子的国家，“世界幸福指数”报告中，前五名国家常年被北欧国家占领。这和北欧式的生活方式息息相关，北欧人的简约传统随处可见，穿衣打扮不论贵贱，但求符合自己的气质、凸显自我个性。

法国：不“过度负责”，启迪和引导才是正道

故事分享

雷欧是个法国男孩，一天，放学后，在客厅里玩篮球时，他打落了书架上的一个花瓶，瓶口碎掉一大块。这个瓶子是祖上传下来的古董，比较珍贵。雷欧赶紧用胶水把碎片粘起来，然后胆战心惊地把花瓶放回原位。

当天晚上，母亲发现花瓶有些异样，她问雷欧：“是不是你打碎了花瓶？”雷欧灵机一动说：“一只野猫从窗外跳进来，怎么也赶不走，它在客厅里上蹿下跳，最后碰倒了架子上的花瓶。”母亲很清楚，雷欧在撒谎，因为每天上班前，她都会把窗户关好，下班回来再打开。母亲不动声色地说：“是我疏忽了，没有关好窗户。”

就寝前，母亲叫雷欧到书房来。看到雷欧忐忑不安地推门进来，母亲从抽屉里拿出三块巧克力，把其中一块巧克力递给雷欧，说：“这块巧克力奖给你。因为你运用神奇的想象力，杜撰出一只会开窗户的猫，以后你一定可以写出好看的侦探小说。”

接着，她又给雷欧一块巧克力，说：“这块巧克力奖给你。因为你有杰出的修复能力，虽然用的是胶水，但是黏合得几乎完美。明天我们把花瓶拿到修复师那里，看看他们是怎样使一件工艺品完好如初的。”

母亲又把第三块巧克力递给雷欧，说：“最后一块巧克力，代表我对你深深的歉意，作为母亲，我不应该把花瓶放在容易摔落的地方，希望你没有被砸到或者吓到。”

以后，雷欧再也没有撒过一次谎，每当他想撒谎时，三块巧克力就会浮现在眼前。

这是一个很经典的故事，法国的父母对待孩子相比于世界各国要平和温柔得多。不强迫，不独裁，科学引导，共情教育，是法国父母一贯的育儿作风，因而法国父母也不会把自己的生活弄得一团糟，他们可以边带孩子边享受美好的下午茶时光。他们爱孩子，但把孩子作为独立的个体看待，孩子不是他们的一切。

美国：自由与独立，自信很重要

故事分享

珍妮是个刚上幼儿园的美国小女孩，在幼儿园她有个特别要好的小朋友，是个犹太人，珍妮很喜欢这个犹太朋友，喜欢和她腻在一起。犹太小朋友喜欢坐在那里看书，珍妮就凑过去一起看书；犹太小朋友喜欢画画，珍妮就凑过去跟着一起画画；犹太小朋友画画累了，想出去玩一会儿，珍妮也跟着跑出去玩。两个小朋友玩得别提有多开心。但是老师观察几天后，把珍妮的父母叫来了，并且跟珍妮的父母说，她想把两个孩子“拆散开”，她不建议珍妮总是模仿犹太小女孩的行为。刚开始父母很诧异，觉得现在这样没什么不好，但听了老师的解释，珍妮的父母表示十分赞同。

因为珍妮的这种行为，看似是和犹太小朋友很友好，能获得亲密无间的友情，但是这对于珍妮的独立人格发展是不利的。老师认为，经常模仿别的小朋友的行为，会造成珍妮不能真正发展自我，长期下去会导致其独立人格的缺失。

美国孩子独立的人格培养跟美国长期的教育观念不可分割。美国是崇尚独立自主的国家，美国教育强调独立，其实强调的是独立思考和独立生存的能力。独立性强的人能比较快地适应新环境，并具备一定单兵作战的技能，而独立思考可以造就独立的人格。

美国父母注重培养孩子独立的人格，包括从心理上认为孩子天生具备独立能力，对孩子自己能做到的事情，他们尽量让孩子自己去做。但美国父母没有法国父母那么从容淡定，而且大多时候面对孩子的一些行为，他们也会暴跳如雷。但对于孩子的个性塑造，美国父母达成共识，他们认为孩子都是独一无二的，不需要和任何人比较，而且没有比较的必要。美国父母对孩子独立人格的教育，成就了孩子的自信。

日本：注重礼节，尽量不给别人添麻烦

故事分享

悠真是个日本小女孩，今年5岁，家里还有一个小弟弟刚刚5个月，一天妈妈带着悠真和弟弟去外婆家。外婆家距离有点远，需要坐半个小时的地铁才能到。悠真跟着妈妈一起到地铁站，安静地排好队等地铁。地铁来了，悠真跟在妈妈身边有序地进了地铁，旁边一个叔叔见悠真妈妈领着一个孩子，怀里还抱着一个，就把靠近门的位置让给了他们，悠真鞠躬并且微笑地道谢，然后安静地坐了下来。

去外婆家的路程并不太长，但对于5个月的弟弟来说可能有些无聊，弟弟便哭闹起来，妈妈哄了哄，弟弟还是继续哭。这时妈妈带着悠真一起站起来向旁边人道歉："对不起，打扰到大家了，十分抱歉！"并连连向大家鞠躬，然后在下一站下了地铁，直到哄好了弟弟才再次坐上地铁。

悠真的故事在日本随处可见，通过悠真和妈妈这些微小的举动，让我们深刻感受到日本人对礼节的重视，而且对于礼节的教育已经深入骨髓。日本人在社交活动中爱用自谦语言，并善于贬己抬人。"请多关照""粗茶淡饭，照顾不周"等，是他们经常使用的客套话。

日本家庭对孩子的教育十分严厉，对孩子礼仪的培养可谓具体到每一个细节：在餐厅吃饭不可以任意走动，不可以大声吵闹；在朋友家吃饭，必须用公筷把菜夹到自己碗里，不能直接用自己的筷子夹；尽量把自己碗里的食物吃完，不拿超过自己食量的食物等。

其实，礼仪代表着规则，不遵守就会被淘汰或者被社会排斥，这也是日本人注重礼节的原因。日本人也津津乐道于这种复杂的"表面形式"，因为这代表着安全感，这是人们在日常生活中创造的一种仪式，同时也被这种仪式所保护。

中国：全家人的爱与希望，精心培育更优秀的孩子

故事分享

明明是一个5岁的中国孩子，和姥姥姥爷、爸爸妈妈生活在一起。爸爸妈妈平时上班，姥姥姥爷会在放学的时候去接他。每天除了上幼儿园，明明还要上网课和线下课程。英语、数学、识字、绘画、乐高、围棋、音乐、跆拳道，明明也挺喜欢的。爸爸妈妈会在休息日带明明去上课，还会带他去餐馆吃饭，去公园和游乐场玩耍。明明喜欢和爸爸妈妈在一起的快乐时光。

中国的父母自豪地称自己为孩儿奴，每个家庭都是围绕着孩子转，孩子就是家里的小太阳，影响着家里的喜怒哀乐。中国人历来有通过考试改变命运的愿景和希望，为了让孩子过上更好的生活，每个家庭都倾注了全部的心血在孩子的教育上。不仅拼尽全力进更好的学校，还在课余给孩子报各种补习班。孩子的时间被安排得很紧凑，家长们也忙得不亦乐乎。孩子的素质教育和创造力的提高，也是家长非常关注的，虽然没有明确的方法，家长们也在不断学习探索。中国的家长就是这样摸着石头过河，希望孩子有一个更美好的未来。

Part 1

亲子关系

决定孩子的性格与能力

敲黑板了

高效育儿重点看

良好的亲子关系是一切教育的前提，也是决定孩子性格和能力的关键因素。早期建立安全型依恋关系，可以缓冲孩子的焦虑和不安，保护身体功能，也会让孩子变得更加自信、独立。

一切好的亲子关系都是以尊重和信任为基础的，尊重孩子是独立的个体，而非父母的附属品，尊重孩子独立的人格，尊重孩子的生长规律，在尊重的基础上相信孩子能够做得很好。

没有规则的爱是溺爱，坚持和善而坚定的育儿态度，秉承“我爱你，我会尊重你，我爱你，但你要遵守我们的规则”，并辅以“日常惯例表”细化、明确规则，让孩子理解规则，并提高其执行规则的能力。

良好的沟通，可以打破亲子之间的壁垒，彼此理解才是沟通的最佳状态。放下父母高高在上的姿态，多尝试鼓励孩子，给予其正向的引导，比批评、压制事半功倍。

早期依恋关系会影响孩子一生

亲子依恋关系是孩子与抚养者之间（可以是父母，或者有抚养关系的其他人，主要是指父母，以母亲为主导）形成的强烈的、持久的情感联结。儿童早期的依恋关系具有缓冲焦虑和身体保护的功能，并为儿童提供早期的人际交往经验，对其日后的社会性发展具有重要意义。当这种情感联结断裂时，会对其日后的心理发展产生很大的影响。

亲子依恋关系类型

亲子依恋关系通常有两种类型，一种为安全依恋型，另一种为不安全依恋型。美国心理学家将亲密关系分为安全型、回避型、反抗型和混乱型四种依恋类型。不同类型的亲密关系对孩子长大以后的人生观、价值观等影响深远。

安全依恋关系：安全的依恋关系会让孩子更积极、更好奇、更自信，和小朋友的相处更融洽，在情感的处理上更有弹性，更富有同情心。

不安全依恋关系：孩子遇到事情就会感到惊慌和恐惧，这会阻碍其未来的爱好、志向、人格等的建立。这也是为什么绝大多数孤儿性格孤僻，自卑感强，特别敏感，心理承受能力差的原因。

父母会发现，随着孩子逐渐长大，和孩子一起做快乐的事，一起度过的美好时光是维系你和孩子之间亲密依恋关系的基础。因此，应多花时间和孩子建立情感联结，增进亲子关系。

孩子性格特点　嫉妒 / 偏激 / 暴力

孩子表现

- 警惕父母离开，父母离开时表现出非常强烈的抵触情绪、很痛苦，极度反抗。
- 父母回来，抗拒父母的安慰和接触，仍表现出明显的焦虑不安。

形成原因

父母对孩子的需求未做出及时、恰当的反应；对待孩子的行为、态度多变，不稳定。

孩子性格特点　敏感多疑 / 精神脆弱

孩子表现

- 父母离开会哭闹；父母回来后，会出现一系列矛盾的行为，比如接受父母的拥抱，但眼睛望着别处；开始表现平静，又忽然号啕大哭，表现古怪。

形成原因

父母对孩子有惊吓或者恐吓行为；父母的精神健康状态不佳；不良的家庭环境，如家庭暴力、父母婚姻不和谐，导致父母对孩子的需求不回应或回应不足。

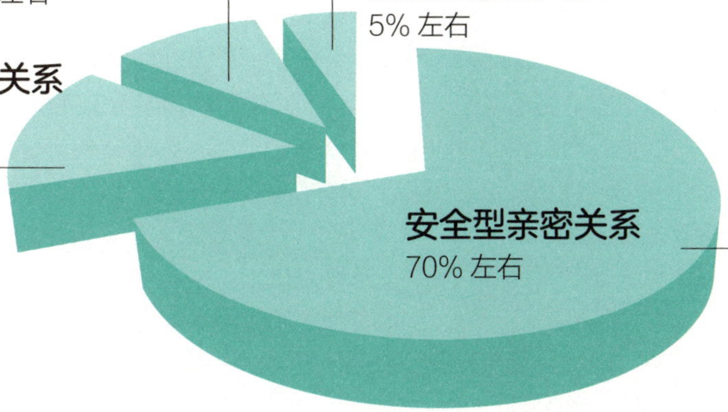

孩子性格特点　自卑 / 自闭 / 孤独

孩子表现

- 父母在，无所谓，表现漠然。
- 父母离开，不反抗，也不会表现出紧张不安。
- 父母回来，偶尔会表现出欢迎，但时间短暂。

形成原因

父母拒绝与孩子的联结，孩子的情绪表达受抑制，用漠不关心压抑内心对爱的渴望。

孩子性格特点　自信 / 友善 / 乐于探索

孩子表现

- 父母在，可以安静地玩玩具，不会一直依偎在父母身边，偶尔靠近。
- 父母离开，会表现出苦恼不安，要求父母特别是母亲回来。
- 父母回来，立即寻求接触，很容易被安抚，很快能平静下来。

形成原因

家庭环境良好，父母对孩子的需求及时做出回应，并给予正确引导。

解读孩子行为
建立安全型依恋关系

孩子行为

亮亮 4 岁，是一个刚刚幼儿园中班的小男孩。一天，老师在给小朋友科普“地震来了该怎么办”。大多数小朋友都会按照老师的指示，蹲在桌子底下，有秩序地排队往外面跑。然而亮亮紧紧地抱住老师的大腿，号啕大哭：“我不要地震，太恐怖了。”

解读

一般来说，孩子从母亲那里获得了较好的亲密依恋关系，那么他的安全感会帮他克服不安。但不是说孩子对陌生的事物就不会有恐惧或害怕心理。亮亮之所以表现出强烈的害怕情绪，源于他对“地震”这个词的认知还不够，他不知道“地震”是什么东西，再加上这个阶段孩子的想象力丰富，他可能把地震理解为“会吃人的妖怪”等。家长和老师如果可以和孩子进行良好的沟通，与他一起查找资料，学习地震是怎么形成的，为什么会有地震，相信他很快就会消除这种恐惧感。

靠谱建议

孩子的安全感不是一段时间和孩子形成稳固的关系就能培养起来，也不会因为你的一次缺席而丢失，这是一个渐进的过程。而且在孩子的不同阶段，不同类型的孩子会有不同的状态和规律。要想让他有安全感，必须从安全依恋做起，在这里给父母提供一些切实的建议：

- 离开时，讲清原因，在允诺好的时间回来，建立信任基础。
- 回来后及时安抚，如果失诺要及时道歉，讲清原因。
- 对于孩子的请求，给予积极回应。
- 面对孩子粗鲁的行为，先减少父母自己的不安，先管控好自己的情绪，做好情绪管理。
- 耐心观察孩子，有效沟通，正确理解孩子发出的不安信号。
- 平等对待孩子，不压制，不恐吓。
- 多与孩子进行亲子游戏、手工、画画、唱歌等，有效陪伴很重要。
- 尽量营造良好的家庭环境和氛围。

即使家庭环境不完美，也能培养安全型依恋关系

在《西尔斯亲密育儿手册》中有一个案例，一对夫妻离婚了，大家都不大关心大人，唯一担心的是他们的孩子——一个十分乖巧可爱的 4 岁女孩。夫妻二人的离婚大战一直持续了两年多，这期间孩子一直由条件还算优越的奶奶抚养，孩子的成长似乎没有受到太大的影响，小姑娘依旧活泼可爱，落落大方，而且社交能力极强。

这是一个典型的不完整的原生家庭的例子，这个小姑娘很显然会受到父母离婚的影响，但奶奶全心全意地爱着这个孩子，并且跟孩子建立了安全的亲密依恋关系。在中国，60% 以上的家庭育儿有祖辈的参与，他们在育儿中扮演的角色主要是对儿童生活和身体上的照顾，而母亲负责对儿童心理、教育等方面的引导，这种现象称为多重依恋关系。当出现多重依恋关系，母子依恋和祖孙依恋都达到安全依恋关系时，二者会互为补偿，儿童的合作技能、适应能力等均较好。因此，如果家长不能给予孩子非常完美的家庭环境，也不必过分担心孩子的健康成长，但前提是让孩子有极好的安全感和归属感。

信任与尊重，每个孩子都是独立的个体

对于父母来说，给予孩子无限的爱是毋庸置疑的，也都希望孩子以后比自己过得好，生活得更精彩，甚至愿倾尽一生心血为孩子铺就一条宽广而完美的人生之路。然而对于孩子来说，他们更希望父母把他们当成独立的个体，尊重他们的选择，相信他们的能力。只有在信任和尊重的基础上，才能进行有效沟通，才能构造一个完美和谐的亲子关系。

两个法则，培养孩子做“独立的人”

法则一：不做比较，每个孩子都是“独立的个体”（对别人）

孩子的个性和自尊心往往都是在父母的比较中被抹杀的。父母在对孩子进行教育的时候往往会和别人家的孩子进行比较。殊不知，这样的比较就像一块斗牛的红布，使孩子越来越不自信，抵触情绪越来越强。不但没有发展孩子的个性，反而破坏了彼此信任的亲子关系。

其实想要做到不比较，可以这样说：

“妈妈相信你可以把这首古诗背下来。”

“你这个办法真好，如果遇到其他事也能这样开动脑筋，你一定会更出色。”

法则二：尊重和理解孩子阶段性的特定行为（对自己）

在3~6岁这个阶段，由于孩子各项能力都进入了一个新的阶段，孩子可能因为自己做的手工不够完美而将其扔进垃圾桶；可能忽然间喜欢上说“脏话”，例如对“狗屎”“屁”这样的词语格外感兴趣……其实这些行为看似不可理喻，却是孩子普遍存在的阶段性现象，家长只要合理引导，过了这个阶段，这些“坏毛病”自然而然就会改掉。

解读孩子行为
鼓励让信任关系升华

孩子行为

安安是一个6岁的小男孩，性格开朗活泼，他很喜欢3岁的妹妹。有一次，妈妈在厨房做饭，让安安照顾小妹妹。玩了一会儿，妹妹就要找妈妈，安安怎么哄也哄不好，妹妹还大声哭了起来。妈妈听到哭声，跑过来，就责问安安怎么欺负妹妹了，安安很委屈，连声说自己没有，妈妈还是将信将疑，也没有向安安道歉。安安很伤心，觉得妈妈不信任自己，也哭了起来。

解读

在五六岁孩子心中，他们几乎有一个共同的特点，就是妈妈是最重要的人，最爱的是妈妈，最喜欢做的事情是让妈妈开心。因为这个阶段孩子已经和妈妈建立了良好的信任关系，他们相信妈妈肯定和自己心连心，妈妈会理解他、相信他，他坚信在妈妈心中，自己是一个好孩子。因此，在这个阶段，妈妈经常对孩子说鼓励性的话很重要。

靠谱做法

信任是相互的，只有你对别人倾注了信任，别人才会信任你。这就要求父母平时就要做到言而有信，一诺千金，那么与孩子之间的信任也就建立了一半。孩子的内心世界很丰富，要了解孩子，只能用心换心，用信任赢得信任。同时要保护孩子的自尊，培养他的自信心。以下几点帮你学会尊重孩子：

- 父母审视自己，想想自己认为对孩子好的事情，是否真的是孩子需要的。
- 遵循孩子的成长规律。在养育过程中，父母的职责是帮助、引导，而不是代替。
- 父母做错事，及时道歉弥补。
- 把握孩子“求关注”的心理行为，用爱为孩子建立安全感和自信心。
- 对孩子有合理的期望，不要因为你的期望过高，而孩子的能力还没达到就惩罚他。
- 支持孩子按照他自己的想法解决问题，即使是错的，也应该让他尝试。试错让孩子拥有更好的解决问题的能力。

正面管教：和善而坚定是核心

《正面管教》一书为美国学者简·尼尔森所著，提倡父母既不惩罚又不骄纵的养育理念，孩子只有在和善而坚定的养育气氛中，才能培养出自律、有责任感、合作以及自己解决问题的能力，才能学会受益终生的社会技能和人生技能。

正面管教核心原则

1 和善与坚定并行

和善而坚定，和善是尊重，坚定是原则，和善而坚定是在尊重的基础上坚持原则。有些父母和善而不坚定，有些父母坚定而不和善，很多父母在两者之间摇摆。为了避免极端，和善与坚定应该是始终并行的，不能只和善不坚定，也不能只坚定不和善。父母要在尊重自己和孩子的前提下，让孩子看到什么是坚定，并通过尊重孩子的需求让孩子看到什么是和善。

有些父母错误地认为，对孩子“和善”就是取悦孩子，或是不让孩子有任何失望，这不是和善，而是骄纵；有些父母认为和善就是不惩罚，不让孩子失望，不让孩子遭受痛苦，这也不是和善，而是过度保护。这里的和善是爱与尊重，从爱孩子的角度出发，理解孩子，并尊重他的阶段性发育特点，尊重他的独立人格，尊重他的想法，并且确定把自己爱的信息传递给孩子。

坚定是一种坚持、不妥协的处世态度和教育方式。坚定是一种对规律的尊重、对规则的尊重、对理性的尊重。坚定就是“不强硬、不妥协”，是“我爱你，但这件事情不可以”。父母要坚持自己的原则，不能因为孩子的哭闹等行为而妥协，也不能因为孩子的不当行为而施暴。

2 专注于解决问题而不是惩罚

正面管教关注的是教给孩子要做什么，孩子是整个过程的积极参与者，而不是被动的接受者。关注于解决问题的主旨是：问题是什么以及解决办法是什么。当家长肯花时间锻炼孩子，并且放手给孩子充分的机会实践他们解决问题的技能时，孩子就会成为出色的解决问题的能手，并且能想出许多有创意的方案。这里向大家介绍关注于解决问题的“3R1H”原则：

相关 Related	尊重 Respectful	合理 Reasonable	有帮助 Helpful
办法与行为是相关的	办法一定不能包括责难、羞辱和痛苦，并且应该和善而坚定地执行	办法是可行的、可操作的，从大人和孩子的角度看都是合理的	办法是对个体有帮助的，而不是惩罚性的

3 孩子感觉良好才会做得更好

当孩子犯了错，羞愧、耻辱或者痛苦会让他们情绪失落，而且这对亲子情感联结并不利，不是一种积极的教育方式。当孩子感受到鼓励和爱时，他们才会更有动力合作，学习新的技能，学会尊重他人。

对于孩子可能出现的一些不良行为，家长可以事先和孩子约定好，让孩子在做事前有心理准备，并安排好自己的时间，这样可以更有效地改正孩子的不良行为。比如，和孩子提前约定好入睡时间，可以在睡前讲讲睡前故事，但规定外的其他事情就不能再额外增加了。

孩子在其生长阶段会有各种行为，家长要做的是先对孩子的行为表示理解。

当孩子出现不良行为时，譬如说脏话等，家长可以用幽默风趣的语言，夸张的动作，或者孩子特别感兴趣的东西转移其注意力，事后告知这种行为的不正确性。

解读孩子行为

和善而坚定是需要坚持的

孩子行为

姗姗是个 5 岁的女孩，妈妈叫她把丢在地上的娃娃捡起来，她冲妈妈大喊：“我不捡，为什么要我捡，你怎么不捡？”有时还会遇到姗姗冲父母或长辈丢东西，妈妈遇到这样的事情很崩溃。

解读

现在很多家庭都是几个大人围着一两个孩子转，谁都想把自己的爱全部奉献给孩子，而导致对孩子的行为缺少规范，又或者是家庭成员态度不一致，而导致对孩子的管教规则不明确。

当孩子对家长出言不逊时，一定要态度坚定地予以纠正。当孩子初次表现出对家长无礼时，就要告诉孩子自己的感觉。可以把孩子叫到你的面前，要求他看着你的眼睛，平静而严肃地对他说：“你刚才这样说妈妈，妈妈很不高兴，这样说话不礼貌，以后不要这样对妈妈说话！”让孩子知道这样的事情是绝对不被允许的。

靠谱做法

有些家长会说和善而坚定很难执行，因为掌握不好和善和坚定的度。这是一个很正常的现象，就像万丈高楼很难一日建成，孩子的成长需要过程，家长要想掌握一种养育方法，也需要不断学习，不断成长。这里提供一些切实可行的办法，帮助你更好地做到“和善而坚定”。

- 事先约定，到点提醒：如规定每晚八点半睡觉，到八点半时提醒孩子，要洗漱了，陪他洗漱好，然后读故事。
- 认可孩子的感受，表示理解：我知道你想继续玩，但是现在该睡觉了，你想听一个故事还是两个故事？
- 转移行为：我知道你不想刷牙，但我想和你比赛，你说我们谁先把牙齿上的细菌打败？
- 提供选择：到睡觉时间了，你想听《玛德琳》，还是听《不一样的卡梅拉》？

有规则的爱让孩子安心、家长省心

很多家长都希望能找到养育孩子的秘诀，越简单越有效越好。家长对孩子的爱是与生俱来的，但养育孩子的过程还是让家长筋疲力尽。其实爱也是需要技巧的，在爱的基础上给孩子设置规则，便是一种既简单又有效的育儿方法。有明确的规则会让孩子明白界限在哪里，让孩子更安心，家长更省心。

父母怎么跟孩子制定规则

● 给孩子制定规则要表述明确

制定规则的时候，要让孩子参与进来，要考虑到孩子的实际情况和可执行性。不然制定的规则过于苛刻，孩子根本完成不了，那么这个规则必将是个无效的规则。对孩子要有合理的期望，知道这个年龄段的孩子可能或应该有的行为。因为孩子的理解能力和控制能力有限，所以即使制定了规则，也要及时耐心地提醒。规则和习惯是需要时间才能养成的，请允许孩子“慢慢来”。

不同年龄段的孩子理解能力不同，在制定规则时一定要把规则讲清楚，孩子表示理解了即可。比如，当你发现孩子在公共走廊里大吵大闹、来回疯跑，你要怎么说？我们比较以下两种表述方式的差别：

不要在走廊大吵大闹、疯跑。
在走廊一边安安静静地走路。

比较之后不难发现，第二种表述方式，指令更明确，孩子更容易理解。而“不可以”“不要”这样的指令往往会强化想象。现在试试这条指令：“不要想象一头粉红色的大象”，结果你的脑海里出现的是什么？是的，就是“粉红色的大象”。当我们说“不要想象粉红色的大象”时，我们的脑神经接收到的第一信息就是“想象粉红色的大象”，这样的指令反而会强化错误的行为。这就是为什么有时候家长怎么跟孩子讲都没用，孩子越管越叛逆的原因。

解读孩子行为
规则与专制是两回事

孩子行为

莎莎是个 5 岁 2 个月的女孩，平时乖巧听话，父母和她很好沟通，可是最近妈妈每次给她拿换洗衣服，她都不喜欢，都要自己选，才能开开心心出门。孩子的这种行为是一种正常的现象吗？

解读

家长总希望孩子能独立思考，但很多时候又在替孩子思考。莎莎的行为说明她是个有主见的女孩，而且有自己的审美能力。随着孩子的成长，家长应逐渐给孩子放权，比如让他自己挑选衣服、玩具等。这也能让孩子感受到自己是被尊重的，还能增强孩子的判断力和自信心。

靠谱做法

父母爱孩子，赋予孩子无条件的爱。然而，爱是要把握分寸的。我们要培养孩子的规则意识，激发孩子的内驱力，这才是给孩子最好的爱。爱与自由，从来不是对立的，那么父母该如何既爱孩子，同时又给孩子立规矩呢？

- 规则尽量少而有效：越少的规则越容易坚持，规则太多，对孩子的限制过多，孩子适应也难。
- 规则应与孩子能力匹配：我们可以要求一个 3 岁的孩子自己用勺子吃饭，但如果要求他必须使用筷子吃饭，就是一个苛刻的规则。
- 花时间培养孩子执行规则的能力：有时孩子具备了一定的规则意识，但仍会时常违规。如有时“起个大早，却赶了个晚集”，并非孩子故意拖拉，而是穿衣、洗漱等动作太慢，不得要领。
- 规则是对所有家庭成员而言的：不允许孩子挑食、看太长时间电视，家长自己也应遵守，以身作则。
- 用孩子能理解和能接受的方式解决问题：可用启发式提问，引导孩子自己说出问题所在，帮他们想出可行的解决办法。

世界育儿公开课
助你缓解养育焦虑

对于孩子在餐厅乱跑现象
各国父母的做法

都说荷兰的小孩是全世界最幸福的小孩，因为在荷兰，孩子们在任何地方都会受欢迎。荷兰的父母一般对孩子采取温和的、给予理解的教养方式，他们的文化似乎是以孩子为中心。在荷兰的各个餐厅，你都会看到孩子四处乱跑、打闹的场景，而大多数餐厅也会设置游戏区，里面摆放着玩具、书籍等适合孩子用的东西。荷兰的父母包括社会，对孩子的放权似乎更彻底。那么，其他国家的父母面对孩子在餐厅乱跑会是一种什么态度呢？我们一起来看看。

法国父母

基本是不可能的，他们更希望自己的孩子行为举止能够像大人一样得体，时刻保持优雅，拒绝粗鲁与不礼貌。法国父母也更享受自己的悠闲生活，不希望因为孩子而使生活品质大打折扣。

美国父母

这样的行为是很粗鲁的，希望孩子可以安静地坐一会儿，可以玩会儿玩具。美国父母更强调孩子的自我，所以他们给孩子定的规则一般都是从孩子的角度出发。

日本父母

注意礼仪规范，尤其不能给别人添麻烦，乱跑、打闹这是一种很粗鲁的行为，是绝对应该制止的。

中国父母

别乱跑，小心磕到自己，在爸爸妈妈能看见的地方玩，不要跑得太远。

鼓励而非表扬，更能强化孩子的好行为

在传统观念里，孩子做了正确的事或者某种行为比较突出就应该受到表扬，孩子通常受到的表扬也是“你真乖”“你真聪明”，这样的表扬是长辈对晚辈的认可。但这种表扬会让孩子寻求认可上瘾，使其抗挫能力差。孩子更需要的是鼓励，它代表一种信任和支持。

被鼓励和被表扬，差距到底有多大

斯坦福大学用时10年做过一个实验，对20所学校400名5年级的学生进行了长期研究。在实验中，他们让孩子们独立完成一系列拼图任务，一组被表扬，一组被鼓励，实验结果令人震惊。

实验内容

Step 1 **对所有孩子进行拼图测试，拼图都比较简单。**

每个孩子表现得都很出色。然后将这些孩子分成两组：一组被表扬：“你在拼图方面很有天分，你很聪明。”另一组被鼓励：“你刚才一定很努力，所以表现得很出色。”

Step 2 **有两种不同难度的测试可选，孩子们可以自由选择参加哪一种测试。一种较难，但在测试过程中能学到新知识，另一种是和上一轮类似的简单测试。**

结果发现，那些在第一轮中被夸奖努力的孩子，有90%选择了难度较大的任务。而那些被表扬聪明的孩子，则大部分选择了简单的任务。由此可见，自以为聪明的孩子，不喜欢面对挑战。当我们夸孩子聪明时，等于是在告诉他们：为了保持聪明，不要冒可能犯错的险。这也就是实验中“聪明”孩子的所作所为——为了保持看起来聪明，而躲避出丑的风险。

实验内容

Step 3 **这一次，所有孩子参加同一种测试。**

这次测试很难。可想而知，孩子们都失败了。先前得到不同夸奖的孩子，对失败产生了差异巨大的反应。

那些先前被夸奖努力的孩子，认为失败是因为他们不够努力。而那些被表扬聪明的孩子，认为失败是因为他们不够聪明。

Step 4 **这次的题目和第一次一样简单。**

那些被夸奖努力的孩子，在这次测试中的分数比第一次提高了 30% 左右。而那些被夸奖聪明的孩子，这次的得分和第一次相比，却退步了大约 20%。

结果令人震惊，但这就是被鼓励与被表扬之间的差别。

父母鼓励孩子，方法很重要

了解了表扬和鼓励之间的差别，很多父母会困惑。什么是表扬，什么是鼓励？该怎么对孩子进行鼓励呢？

描述式，描述事实 + 感受

父母鼓励孩子不能简单一句“做得好”一带而过，要做到言之有物，尽量说事实。孩子明白自己哪里做得好，会继续努力，比如“你把玩具收拾起来，房间真干净，这让妈妈心情愉悦”。

感谢式，描述事实 + 影响 + 感受

有的父母不懂得表达感情，也容易忽略孩子的情绪。当孩子做得好、感到高兴时，父母要让这一情绪被看见，引导孩子看见自己的价值。比如去超市购物，“你今天帮我挑了水果，而且挑了健康的零食，大大缩短了我们的排队时间，非常感谢”。

赋权式，传授技能 + 行动

比如教练指导孩子学游泳，他已经掌握了基本方法但不敢下水，这时可以推一把，他就可以做得很好。但孩子要是没掌握这些基本技能，而把他推下去，对孩子来说就是一种伤害。

所以赋权式要慎用，切记度的把握。

沟通：与孩子分享自己的经历比说教更有效

沟通是人与人之间思想与感情的传递和反馈的过程，以求思想达成一致和感情的通畅。对于孩子来说，他们对于情感的处理以及看待事情的角度与成人都有很大的不同，很多家长表示和自己的孩子沟通比较难，因为根本不知道孩子究竟在想什么。因此想要了解孩子心中所想，就要与孩子进行有效沟通，沟通过程怎么说比说什么更重要。

与孩子共情，他才会好好听你讲话

掌握共情力，控制坏脾气

共情力，是指能在一定程度上感知和理解他人的感受，并且愿意给予一定帮助的心理，这是善良、尊重、诚实、责任心、独立性等许多良好品质的基础。缺乏共情力的人，往往自私冷漠。他们不能站在别人的角度，体会他人内心的痛苦与无助，因此很容易做出伤害他人的事情。 具备共情力，是能够进行积极社会行为的关键因素，也是人与人之间所有关系的基础。

父母要学会接纳孩子，并与之共情

孩子所有的情绪和感受都是重要的。每个人都有自己的情绪，父母也希望孩子能够在生活中表达自己的情绪和感受。对于 3~6 岁的儿童来说，父母能够帮助他们正确地认知自己的情绪非常重要，这可以促使孩子能更好地进行情绪管理。

1 **先共情，再解决问题。**当孩子遇到挫折，产生负面情绪时，父母要以尊重的态度，耐心地倾听孩子，温柔地认同与接纳孩子的感受，而不是粗暴地对其妄加评论与指责。只有被父母深深共情过的孩子，才会懂得理解与接纳别人。

2 **教孩子学会换位思考。**学会宽容和体谅他人，站在对方的角度看问题，给予他人关怀和理解。

情感引导让亲子沟通更顺畅

也许有的父母不理解什么是情感引导，举个例子，当你指着椅子、书桌、饭盒、电视机，问孩子这是什么物品时，3~6 岁的孩子能准确且快速地说出，因为这些东西是具象的。然而当你问孩子“你现在是什么心情时”，孩子可能不知道怎么描述，只知道开心和不开心，这时就需要父母给予准确的情感引导。

孩子情绪引导简表

情绪	表情	表现
喜欢		开心、亲亲、抱抱、牵手
愤怒		赌气、沉着脸、大吼大叫、打滚耍赖、抱怨
伤心		失望、生闷气、大哭、叹气、不想和别人说话
惊奇		睁大眼睛、鼓掌、感叹
恐惧		瞳孔变大、害怕、发抖
嫉妒		眼神暗淡、生闷气

编辑推荐

亲子共读时可以选择一些关于认识情绪的绘本，通过阅读绘本获取知识，比简单的口头说教更有效。在读绘本时，边读边讲解每种情绪会给身边人带来的影响。特别推荐《菲力的 17 种情绪》《别烦我》《我的大吼大叫的一天》。另外推荐一部动画片《头脑特工队》，这部动画片很好地演绎了快乐、恐惧、愤怒、厌恶和悲伤等情绪，对孩子认识情绪会有很大帮助。

情感疏导＝当下体验＋描述感受＋解决问题

很多时候，只要我们对孩子的情绪表示理解和认同，孩子就能很快平静下来。但有时候，仅仅认同还不够，还要启发孩子思考，帮他们解决问题。比如孩子的玩具坏了，我们要理解他：玩具坏了你一定很伤心，你可以哭一会儿。如果孩子仍然无法从不良情绪中走出来，可以对他说：“我们想想接下来该怎么办，看看用胶带能不能粘好。”

● 想象孩子当下的体验

在情感引导的过程中，非常重要的步骤就是想象孩子当下的体验。一个有效的办法是建立“情感组”，即把一个人面对一件事情所有的感受聚集在一起，帮他们找到情感的宣泄口。

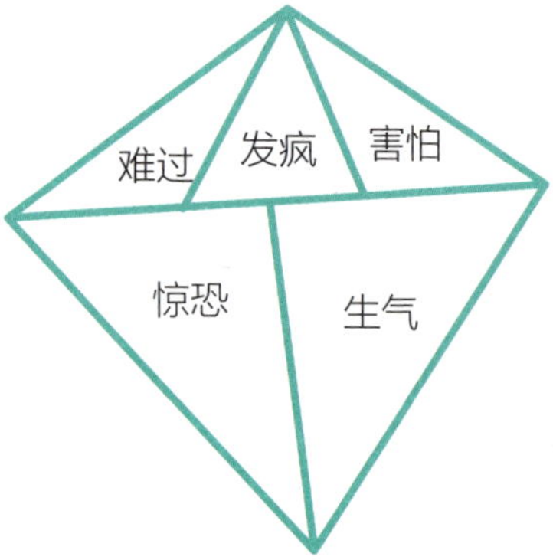

● 找到合适的语言来描述孩子的感受

找到合适的话描述孩子当下的感受。这个过程要从陈述开始，主要目的是处理孩子的情绪。

“我能感受到你很……”，失落、烦躁、担心、害怕、生气、难过，可以用这些词中的任何一个。

“如果那件事情发生在我身上，估计我也会发疯的……”

● 倾听之后解决问题

处理了情绪之后再来解决问题。 鼓励孩子把管理情绪看成是一种学习的机会或者是一种解决问题的方式，这和帮助孩子表达自己的情绪同样重要。

“我在想，刚才你生气（或其他情绪）时，如果有其他办法，那种情形还会出现吗？”

“再发生这样的事情，你还可以怎么做呢？”

解读孩子行为
让情感沟通无障碍

孩子行为

乐乐是个 4 岁 2 个月的女孩子，一直活泼开朗，乐于帮妈妈做一些事情。可是最近妈妈叫她做一些事情，她偏偏要“唱反调”，明明正在做，也会立刻停下来，去做别的事情，就是“不听话”。

解读

这个年龄段的乐乐，已经会较好地表达自己的情感了，也会比较在意别人对自己的情感表达，尤其是父母是否爱她，是否关注她。出现“唱反调”行为可能有多方面原因，比如某次叫她做家务时，妈妈的语气或态度不好，导致她觉得被指使或被命令，妈妈却没有当回事。妈妈可以试着让乐乐把她的情绪表达出来，并表示理解，如果是妈妈的问题，尝试向乐乐道歉。

靠谱做法

孩子和成人看待世界的角度是不同的，如果家长能够帮助孩子积极表达自己的情绪，那么在未来的成长过程中，他们就会提高对自己情绪的感知力，以下提供几个可行的建议：

- 不要否认孩子的感受，积极鼓励孩子表达自己的感受，并积极面对自己的情绪。
- 尽量猜出孩子内心的想法，给予孩子积极的情绪引导：“你感觉不舒服或不想配合，是因为我指使你去做事情吗？”
- 给孩子提供选择。“你愿意现在收拾好积木后去玩别的玩具，还是再玩 5 分钟积木，然后收起来？”
- 告诉孩子你需要他的帮助。“可以帮妈妈把扫帚拿来吗？因为你的帮助妈妈轻松了不少。”
- 倾听孩子的感受后，帮助他们解决问题。“我知道你对刚才发生的事情特别生气，但光生气是没用的。我在想，你还可以怎么做，能让自己更好受点。”

解决孩子黏人的方法：高质量陪伴

有些父母会发牢骚，孩子在一个阶段会特别黏人，无论父母走到哪，他就像小尾巴似地跟到哪，一刻都离不开。很多父母会把孩子“黏人”的表现归结于孩子不独立、不懂事，甚至在某些情况下会对孩子产生厌烦情绪。而大部分父母不知道，孩子越“黏人”，其实就越接近独立，只是他们正在犹豫，才显出对父母过分依赖。

孩子爱黏人，说明他正在走向独立

很多父母会发现，随着孩子的逐渐长大，越来越有主见了，喜欢和别的小朋友一起玩，但也喜欢缠着父母不放，总想让父母陪着玩一会儿。对于3~6岁的孩子，“爱黏人”有时候是准备独立的一种表现，因为孩子独立之前总是希望可以得到爸爸妈妈更多的关注，就像自己想做某件事时，希望得到家人、朋友的支持是一样的。在3~6岁这个阶段，孩子在慢慢学会独立，但是并不能完全独立，而这个时候的他们其实是很脆弱、很敏感的，所以当他发现爸爸妈妈并没有主动帮助他的时候，他可能会觉得爸爸妈妈不再关注他了，于是就变得黏人，希望通过这种方式获得关注。

对于刚上幼儿园或者上幼儿园不久的小朋友，由于之前没有脱离家庭自己生活过，又要面对一个崭新的环境，真的很难适应。因此当他们暂时离开父母，然后又回到父母身边，喜欢黏着父母是很正常的事情。父母首先要放下自己的焦虑，相信孩子可以很快地适应新环境。

好爸爸微课堂

随着孩子逐渐长大，父亲这个角色对孩子的影响深远，很多孩子在一生中都会把自己的父亲视为偶像。而父亲的陪伴决不是仅仅露个面就够了，育儿道理学得再多，都不如安安心心地坐下来与孩子谈谈心、聊聊天、玩一会儿来得实在。也正是这种最简单的方法更利于解决孩子黏人的问题。

怎样做到高质量陪伴

什么是高质量陪伴

父母对孩子高质量的陪伴，并不是简单地在一旁陪着孩子，而是与孩子要有互动、有交流、有回应，这样他们才能真正享受到与父母在一起的快乐，感受到来自父母的关心与爱护。

高质量陪伴要有平和的心态

父母在陪伴孩子的时候要保持平和的心态，把陪伴孩子当作为人父母应该担当的责任和义务，让孩子在陪伴中获得快乐，而不是以一种付出者的心态自居，认为自己为了陪孩子牺牲了个人时间和工作时间。如果持有这种心态，生活中有什么不如意的事情就会怪罪在孩子身上。以这种心态陪伴孩子，父母心理始终是不平衡而焦虑的，最后这种焦虑又会传递给孩子，那么这种陪伴不仅起不到任何积极作用，还会给孩子带来很多负面影响。

3步学会高质量陪伴

3~6 岁的孩子大多已进入幼儿园，而父母也有自己的工作要做，下班后陪伴孩子的时间很少，有的还把孩子交给老人看管，亲子时间很有限，那么怎样获得高质量的亲子陪伴呢?

1 **要和孩子有高质量的沟通。**比如在送孩子上学或者接孩子放学的路上，可以跟孩子分享当天发生的事情。吃完晚餐可以叫孩子一起收拾碗筷，让他们干点家务活，这样做既培养了孩子的好习惯，又增加了亲子互动时间。

2 **注意陪伴的形式。**即使陪玩，也要全心全意。而不是互动的时候，孩子期盼你的加入，你却在看手机。很显然，这样的陪伴质量是很低的。只有孩子感受到了你的陪伴，并在陪伴中获得了满足感，他才不会无止境地黏着你。

3 **和孩子一起做规划。**周末的时候可以带孩子一起去公园、动物园等，也可以在家里享受下静谧的周末时光，一起躺在床上睡懒觉，一起讲讲最近发生的好玩的事情，或者陪孩子玩他喜欢的游戏。

世界育儿公开课
助你缓解养育焦虑

高质量陪伴让情感银行更富有

在史蒂芬·柯维的著作《高效能人士的七个习惯》里，他谈到了花时间陪伴家人的重要意义。他把这叫作往情感银行的账户里“存款”。他说，当我们需要影响孩子的行为时，就可以通过“取款”的方式而实现目标。我们能否和他们进行良好的沟通，更取决于我们和他们建立的亲子关系是否密切。

这个比喻很形象，试想如果我们对孩子的情感银行里的存款是零或者存款很少，却总想要求孩子这样，要求孩子那样，而情感银行里如果没有足够的金额，那么我们的要求怎么能够实现呢？家长对孩子的期望过高，而自己又没有足够的“存款”，就会导致亲子矛盾的产生，怎么说孩子都不听，处处跟你唱反调。

听完这个例子，你是不是应该尝试着对孩子进行高质量的陪伴，往情感银行里存点款了？

身体触碰，不可小觑拥抱的力量

拥抱是人类用来表达情感的重要形式，拥抱、身体的接触是儿童形成依恋的重要途径，包括平时的拥抱、哺乳时的拥抱等，这种拥抱对于儿童形成安全依恋、缓解焦虑、促进情感、提高认知能力都有着十分重要的意义。也就是说，身体接触对于亲子关系的形成、对于儿童心理的平衡发展意义重大。

拥抱的好处

促进孩子的触觉、智力发育

每当父母拥抱、触摸孩子，与孩子身体亲密接触，都是在“抚触”他的心灵。孩子的大脑接受一次又一次良性的刺激，而这些刺激能促进其智力发育。

缓和负面情绪

温柔的拥抱和抚慰能让烦躁中的孩子安静下来，缓解压力。当孩子因为玩具坏了或者受到了委屈而哭泣时，父母的一个拥抱就是对他最好的安慰。

促进孩子健康成长

心理学家指出，拥抱有利于缓解孩子的沮丧情绪，提升免疫系统的效率。拥抱和抚摸还有助于促进孩子的身体发育。

促进亲子依恋关系的建立

爸爸抱着孩子，让他感觉到爸爸的坚强有力；妈妈抱着孩子，让他感觉到妈妈的温柔善良；而爸爸妈妈也在拥抱孩子的过程中感受到孩子的乖巧与可爱。良好的亲子关系便在这种亲子互动中建立起来。

解读孩子行为
与孩子拥抱有诀窍

孩子行为

一天米粒儿妈妈去幼儿园接米粒儿，由于妈妈加了会儿班，接她的时候有点晚，幼儿园里只剩她一个人坐在那里等着妈妈。米粒儿抬头看看妈妈，表现得很冷漠。当妈妈看到米粒儿的表情后内心很自责，觉得是自己让米粒儿受到了伤害。她想安慰米粒儿，就伸出双臂去抱米粒儿，米粒儿却和妈妈说："你走开，我不喜欢你。"妈妈听了很伤心。

解读

首先妈妈知道米粒儿此时很不开心，想去安慰她。但米粒儿正在气头上，拒绝妈妈的拥抱或者拒绝和妈妈聊天也是正常的。妈妈可以等会儿，待米粒儿情绪缓和些时，用情感疏导的办法来帮助米粒儿管理情绪。等米粒儿情绪好了，妈妈可以征求米粒儿的意见："我可以抱抱你吗？"得到同意后再深深地抱抱她，和她解释来晚的原因，效果可能会更好。

靠谱做法

拥抱也需要掌握技巧和时机，在孩子发脾气时，有可能会拒绝父母的拥抱，这时不建议强行拥抱，可以等孩子冷静下来或者情绪稍微缓和，再尝试和孩子拥抱。

- 征求孩子的意见。和孩子拥抱的时候，尤其是大一点的幼儿，要征求他们的意见，可以事先问他"让我抱抱你好不好""我可以抱你一下吗"，等等。
- 尊重孩子的决定。不要强抱，孩子自然地接受拥抱，拥抱才有价值，才能缓和孩子的不良情绪。当孩子不接受拥抱时，可以用其他方法来表达对他的关心。
- 拥抱时坚定而有力。这样的拥抱才会让孩子有安全感，感受到父母的力量与爱。

蹲下来说话，有效破解权力之争

蹲下来说话，就是要求我们把自己摆在和孩子同等的高度，站在孩子的视角看待问题，与他们平等相处，做他们的知心朋友，深入了解他们的内心世界，不强迫他们接受不认同的事物，给他们保留一点小秘密的权利。这样孩子就会感到父母对他们的信任和尊重，也更愿意亲近你、信任你，这样的教育才能达到预期效果。

用孩子的视角看世界，才能读懂孩子的心

有这样一个故事：一位爸爸领着女儿在商场熙熙攘攘的人群中挤来挤去，女儿很不开心，爸爸很奇怪。忽然女儿的鞋带开了，他蹲下来给女儿系鞋带时发现，出现在自己眼前的不是琳琅满目的商品，而是森林般的大腿和来回摆动的大手，一个个见棱见角的大提包，不时碰到女儿的小脸和身体……此刻，他明白了：“这里太可怕了，一分钟都待不了，想马上回家！”当他把女儿扛到肩上准备离开时，孩子笑了，不想走了。哇，原来她看见了漂亮的玩具。

父母想被孩子接受，首先请蹲下来，听孩子说话，了解他们的思想，知道他们要做什么。以孩子的视角看待问题，才能见孩子眼中所见，想孩子心中所想。许多事情，用我们成人的眼光来看，怎么也理解不了，只有与孩子平等地站在一起，抛开自己的偏见，用孩子的眼光来看他们的世界，才能看懂孩子。

蹲下来沟通，让心情更平和

许多父母在教育孩子的时候，都习惯以高高在上的姿态来发号施令，将自己的意愿强加到孩子身上，只要和自己的预期不符，就认为是孩子的错，完全不考虑孩子的想法。实际上，这种压迫式教育只能让亲子关系越来越差，父母觉得孩子“不听话”而生气，孩子则感觉自己受到了压迫，更加不愿意服从，甚至会出现逆反心理。

这时候，父母应该学会“蹲下来和孩子沟通”，当父母“蹲下来”，孩子体会到的不再是居高临下的批评和指责，而是一种平等的交流，他的感受是“虽然我犯错了，但是爸爸妈妈尊重我”。这样的交流更有效。

● 培养孩子的自信人格

当孩子犯错时，他们的内心其实是很紧张的，担心被责备、被训斥。这时候，如果父母愿意蹲下来和孩子沟通，耐心地倾听孩子的内心世界，才能够让他们感受到被尊重，帮助他们正确地认识自我价值。自我价值感高的孩子，不会因为怕犯错而畏首畏尾，如果做错了，也能够正视自己的错误，坦然接受并改正，并且相信自己以后能做得更好。这就是自信。

● 让教育变得更高效

只有蹲下来和孩子说话的父母，才能够走进孩子的内心，让他们把内心最真实的想法告诉你。不管孩子的想法是对是错，只有了解到现象背后的原因，对孩子的教育才能有的放矢。

站在孩子的角度去思考问题、解决问题，理解孩子心中所想，让孩子感受到被理解、被尊重，这样再和孩子沟通，效果也会事半功倍，亲子关系也会更加融洽、更加亲密。

世界育儿公开课
助你缓解养育焦虑

好的教育方法是需要坚持的

在日本育儿专家七田真《爱与规则》一书中，他提出了“信赖”是一种育儿神器，他建议父母：不要只看孩子的短处和缺点，而应该把目光和焦点聚集在孩子的长处和才能上；不将现在的样子看成孩子已定型的样子，而是作为成长的过程来看待；要温和地接受孩子不完美的地方；不要拿自己的孩子和别人家的孩子进行比较；不要以学习能力为中心去培养孩子；要无条件地爱孩子、接受孩子。

无条件地接受孩子，说起来容易做起来难。一位妈妈在实践这种方法时，最开始怎么都做不到，因为她会不自觉地把目光放在孩子的缺点上，进而一度使母子关系恶化，但是她并没有因此而放弃。大概 4 个月后，她神奇地学会了如何认可、赞赏孩子。而且她发现孩子现在富有同情心，温柔善良，很可爱。

好的教育方法不可能一蹴而就习得，孩子的成长也是需要时间的。希望家长可以戒掉急躁，守望成长，静待花开。

积极暂停，请正确理解，合理使用

“冲动是魔鬼”，因为人在暴怒的瞬间，理性脑的盖子打开了，非理性的“动物脑”被放了出来，这个时候说出来的话就是气话，做出来的事也是极具破坏性的，而且对解决问题无济于事。所以，不论是孩子还是父母，在意识到自己要发脾气时，应采取“积极暂停”的方法让自己远离怒气。

积极暂停的正确打开方式

积极暂停，是简·尼尔森在《正面管教》里提出的一种缓和亲子关系、解决问题的方法，其主要目的是帮助孩子感觉更好，而不是让他们感觉更糟，也不是让他们为自己的错误“付出代价”。当人们陷入冲突当中，很难关注于问题的解决，这时候就需要积极的“暂停”，以平复心情，理性思考。

1 解释说明

在孩子心烦或生气时，可使用积极暂停的方法，鼓励孩子尝试先冷静下来。并且鼓励孩子识别自己的情绪，选择在适当的时机开启积极暂停的按钮。当孩子学着自我识别和控制情绪，也许问题已解决了一半。

2 选定暂停区

让孩子选择家里一个能让他感觉更好的地方，比如一个小角落、一个沙发，在这里布置好自己喜欢的毛绒玩具、书、画笔等。给这个地方起一个帮助人冷静、安静的名字，比如南极洲、安静岛、欢乐岛、和平号等。家长自己也可以安排一个暂停区，表明孩子和自己是平等的。

3 识别情绪，开启积极暂停的按钮

当孩子行为不良或者感觉情绪沮丧、暴躁、发怒的时候，要及时提议去暂停区。可以提醒孩子是否愿意去“让自己感觉更好的地方”。注意给孩子选择的权力，孩子可以选择去暂停区，也可以选择其他方法，比如跳一跳，冲毛绒玩具大喊，做一个特别的手势。不要让孩子感觉去暂停区是一种惩罚。如果孩子还是不愿意配合，家长可以告诉孩子自己需要去暂停区，及时中止两人的正面斗争。

4 走出暂停区，解决问题

当孩子的情绪平稳后，欢迎孩子走出暂停区，如果问题继续存在，就及时商量解决的方案。

积极暂停的目的是解决问题

当孩子出现不良情绪的时候，家长不能因此而暴怒，应保证自己的情绪是平和冷静的。

● 积极暂停的目的不是惩罚

要明白告诉孩子，积极暂停的目的不是惩罚，而是为了帮助他们缓和不良情绪，赶走情绪小怪兽。首先认可每个人都会有不良情绪，但是不能一直让情绪小怪兽影响自己和别人的心情。然后和孩子一起商量赶走情绪小怪兽的方法。这些方法由孩子来选择，让孩子自己做主，而不是被迫积极暂停。

● 不是每一次都要找到解决问题的方法

当积极暂停成功地缓和了孩子的焦躁暴怒情绪，或者中止了不良行为时，“暂停”就是成功的。积极暂停的目的是让孩子和家长的感觉都好起来，以帮助孩子改变原来的不当行为。如果不能找出产生问题的根源和解决问题的办法，也是很正常的。在讨论解决问题的过程中，孩子在探究和讨论中得到成长，在以后碰到相似问题时会尝试以理性的方式来解决。

手足之争，一视同仁不可取

随着二孩家庭的增多，父母在享受二宝带来的喜悦的同时，也不得不面对两个孩子争抢玩具、吵架、打架、哭闹……家里一片鸡飞狗跳。通过争抢东西、吵架打架以维护自己的“权益”，打不过就用哭闹来表达自己的委屈和诉求，这些是小孩子再正常不过的行为，是他们成长的必然阶段。父母千万不要大惊小怪，更不要用自己的想法去判断孩子的行为，独断专行地处理孩子之间的纷争。

3 招解决手足之争

1 公平合理，但忌一视同仁

孩子之间有年龄差别、性格差别，对同一件事情的理解方式和看问题的角度也不一样。一视同仁会导致父母忽视孩子之间的差异和个性。有一点父母要知道，大宝可能才是整个事件最“憋屈”的人，很多情况下他们不得不因年龄稍长而委屈自己。在大宝面前，要重视他的心理建设，让他成为妈妈的好帮手。

2 只处理情绪，不裁决对错

父母应该做沟通的使者，帮助孩子把自己的想法说出来，让他们互相理解对方的想法。其实小朋友之间没有那么多“对错”，引导他们表达出自己的想法，一方面使他们的坏情绪得以宣泄，另一方面也为解决冲突做好了铺垫。此时，一定不要武断地下评论，不要明确表达“你是哥哥，要让着妹妹”。

3 引导孩子自己解决冲突

要立好规矩，比如轮流玩的规矩。要学会分享，尊重而不能强迫孩子分享，可以在游戏中让孩子感受到分享的快乐而愿意主动分享。最后，被分享的孩子一定要表达感谢，家长也要及时表扬两个孩子的行为。

解读孩子行为 孩子大了也需要抱抱

孩子行为

乐乐是个6岁的女孩，她有个2岁的妹妹，妈妈经常告诉乐乐“你是个大孩子了”“你可不能总像妹妹那样哭鼻子了”，爸爸妈妈也经常以乐乐是大孩子来标榜她。乐乐也十分乖巧，最起码在大家眼里是这样的。一天，妹妹生病发烧了，全家人很着急，围着妹妹转，乐乐在一边好无聊，也根本不想自己玩，她特别想要妈妈抱一抱，她说：“妈妈，我想让你抱一会儿。”但是妈妈一直忙着照看妹妹，就跟她说：“乐乐是大宝宝了，可以自己玩一会儿。”没想到，妈妈的话音刚落，乐乐就号啕大哭。

解读

儿童是在抱中成长的，“妈妈抱抱”“老师抱抱”，难过时要抱抱，开心时也要抱抱。抱是爱的语言，乐乐只是感觉父母的注意力太久没有在自己身上了，想要寻求父母的安慰与关注而已。家里忽然有了另一个小宝宝，不管之前怎么和孩子做心理建设，他都会感受到父母的注意力发生了转移，而这时就更需要父母平等地对待两个孩子，尽量不以年龄大小说事，条件允许的情况下，对大宝应做出一些“心理补偿”。

靠谱做法

- **多花时间陪伴两个孩子。**部分家长会把更多的精力和时间放在年龄小的孩子身上，或者是认为孩子们长大了，不需要大人来陪伴，让他们互相为伴。可是，孩子的成长特别需要家长的陪伴，长时间不陪伴孩子，会让他们内心受到伤害，甚至认为家长不爱自己了。
- **不要给老大太大的负担。**生活中，我们经常看到一些家长喜欢把所有的事情都交代给老大去做。如果出现什么错误，家长便会责备老大，这样会给大宝造成精神负担，影响孩子的身心健康发育。
- **不要过于袒护某个孩子。**家长往往会袒护年纪小的孩子，当然也不排除个别重男轻女现象。想要协调好孩子们之间的关系，家长应该学会尽可能地做到公平，而不要过于偏袒某个孩子。
- **给每个孩子“特殊关爱”。**比如和每个孩子约定“特别时光”，在这段时间内，只有你和他两个人，你的爱和关注完全属于他一个人。

请记住，男孩女孩不一样

我们经常会责怪男孩太好动、太淘气、不听话，也会责怪女孩“见了人也不打招呼”、小气，却忽略了他们本身具有的差异，有时孩子们做得不好不一定全是他们的错，或许是父母的教养方法不对。男孩女孩之间存在性别差异，而这一差异带来的结果是，你必须正视这种差异，区别对待。

男孩女孩智力与语言的发育特征

大脑结构

男孩大脑左右半球的联系少于女孩。男孩的语言发育往往滞后于女孩。

智力发育

女孩比男孩早慧，智力发育方面男孩会普遍比女孩晚6~12个月。这也是为什么小的时候总感觉男孩子更贪玩，学习成绩好的女生更多。

秩序感

男孩的秩序感强于女孩，由于雄性激素的影响，男孩表现得更好斗、更有攻击性。

不可不知的养育“禁语”

养育男孩，这些话请别说

- 你就不能学学××
- 再不好好学习，以后扫大街去
- 不许哭，别跟个小姑娘似的
- 这么容易的事情，你都干不了

养育女孩，这些话请别说

- 女生要有个女生样
- 怎么又把自己弄得脏兮兮的
- 你还这么小，怎么能做到 xx
- 女生要矜持，微笑就好

父母在养育中该扮演什么角色

对于 3~6 岁的儿童来说，性别差异没有那么明显，不建议刻意强调孩子的性别。在这个阶段，以孩子为中心，给予最好的爱，让孩子在内心深处感到关爱和安全感，获得与人亲密交流的技巧就足够了。但是随着孩子逐渐长大，父母在教育中的分工也会表现出差异，这里给父母几点建议：

孩子性别	父亲	母亲
男孩	• 拿出时间，陪孩子玩各种男人的游戏和玩具 • 跟孩子分享自己的经验，比如谈谈自己的工作，修车，给家里换灯泡，修柜子等 • 父母的关系要亲密，给孩子树立正确的异性相处之道	• 给孩子关爱，鼓励他 • 做好孩子的情感引导。在孩子小的时候一般和妈妈的关系更亲密，妈妈的情感引导对男孩的效果会更好 • 培养孩子的行为习惯，教会孩子什么是责任，比如让他帮忙一起做家务，既可以帮他养成良好的生活习惯，也可以提高他的责任感
女孩	• 爸爸是女儿的保护伞 • 爸爸要给女儿足够的安全感和关爱	• 给予孩子足够的爱，并成为她的楷模 • 努力做孩子的情感顾问、呵护者

专 • 题

快乐入园，不让安全感缺席

有些孩子不到 3 岁就入园了，但是大部分还是 3 岁以后才会选择入园。送孩子去幼儿园不仅是对孩子的挑战，也是对爸爸妈妈的考验。入园前要做哪些准备？孩子入园会遇到哪些心理问题，应该如何面对、如何解决？只有父母和孩子准备充分，孩子才能快乐入园，减少分离焦虑。

判断孩子是否具备入园的能力

- 自己会用勺子吃饭，用杯子喝水吗？
- 大小便能自理吗（或能否清楚地表达想大小便的意愿）？
- 会穿脱鞋袜及简单的衣服吗？
- 具有一定的表达能力吗？
- 能听懂老师的话，能和老师或小朋友自由交流吗？

孩子学习任何知识和技能都是需要时间的，家长要有耐心。可以在孩子入园前 3~6 个月对其进行吃饭、如厕、语言表达等训练。很多孩子在初入园后都会产生各种不适应，若孩子的生活自理能力较好，会更快地适应幼儿园的生活，也可以缓解家长在孩子入园后的担心与焦虑。

编辑推荐

书籍是人类最好的朋友，很多时候家长苦口婆心去说，不如给孩子读一本绘本，借助绘本给孩子讲道理，他们更容易接受。特别推荐入园必读绘本：《我爱幼儿园》《幼儿园的一天》《幼儿园我来了》《小鳄鱼上幼儿园》《12 天爱上幼儿园》等。

如何引导孩子快乐入园

1 **让孩子自己选择“再见”的游戏。**
在离开之前要告诉他：“妈妈去上班，吃晚饭的时候妈妈就下班了，下班后妈妈来接你，和你一起玩。”帮助孩子逐渐习惯妈妈不在身边。

2 **提前带孩子去幼儿园参观。**
最好是在小朋友都在的情况下，这样孩子可以亲身体验幼儿园的生活。并且鼓励他多和其他小朋友一起玩，以增强他对幼儿园的期待。

3 **多给孩子介绍幼儿园的各种趣味活动。**
当孩子向父母提出一些好奇的问题时，可以在解答之余告诉他：“你就要上学了，有好多有趣的知识可以从老师那里学到。”从而唤起孩子对老师的尊敬和热爱之情，激发其对新环境的向往。

4 **切忌拿幼儿园或者老师“吓唬”孩子。**
不要向孩子传达负面的信息，比如“你再不听话，上了幼儿园，老师来收拾你”“你要是还哭，我就把你提前送到幼儿园去”。

问答直播间

网络热点难题解答

孩子最近总是对着干，还喜欢谈条件，该怎么办?

萱萱，3岁8个月，平时还挺乖巧的，见到长辈也有礼貌。可是最近，叫她去刷牙，她会找各种理由不去刷；早晨起床，她会说裤子不舒服，前天还穿过同一条裤子，今天就不舒服了。“我想听个故事，再刷牙”，她总喜欢和我讲各种条件。我现在真的不知道怎么应对了。

答

人都喜欢被别人夸奖，相反的，也都讨厌别人的指责。

首先，家长需要反思，是不是自己的批评导致了孩子的逆反。

其次，可以问问孩子在幼儿园发生了哪些事情，哪些是让她开心的，哪些是让她不开心的。如果是在幼儿园遇到了不开心的事情，导致她不喜欢去幼儿园而产生了拖延行为，家长可以针对具体问题进行处理。

家长也可以试试转移孩子的注意力——“我们比赛看谁能把牙齿里的小细菌清理干净，好不好？”事后给予鼓励：“今天早上表现得很好，节省了很多时间，妈妈特别感谢你。”

父母打算离婚，该怎样跟孩子讲?

我和我爱人因为长期感情不和，一直想离婚，本想着等孩子大一点再决定这件事情，但我们的婚姻真的维持不下去了，我们应该怎么跟孩子讲，对他的伤害才会更小些?

答

每个孩子肯定都不希望父母离异，但对于孩子来说，感情上的离异与法律上的离异比起来，前者伤害更大。建议您和您的爱人在这个问题上都能保持冷静，不要把这当作天塌下来的大事情，这样孩子也不会觉得有什么异常。也不要在孩子面前相互指责对方的缺点，告诉他即使爸爸妈妈离婚了，也不会带走对他的爱。

孩子忽然指责妈妈不够爱他，怎么办？

嘟嘟是一个6岁2个月的男孩，爸爸是一位销售人员，平时忙于工作，对嘟嘟的照顾比较少。一个月前，嘟嘟还黏着妈妈说：“妈妈你是世界上最美的人，我最爱你了。”可是最近嘟嘟忽然说：“妈妈你不爱我了。”我跟他沟通了好久，可是并没有很好地解决这个问题，我该怎么办？

答

其实很多小孩子喜欢这样的表达，就像大人一样，也想得到别人的肯定。

出现这种情况，你可以跟孩子好好聊聊产生这种心理的原因，也可以告诉他“妈妈一直都是爱你的”，并多对孩子表达爱意。

还要注意，孩子可能马上进入“七岁八岁狗都嫌”的年纪了，帮他提前做好心理疏导，有助于平稳度过下一个叛逆期。

孩子在幼儿园被小朋友打了，家长应该怎么回馈，是打回去还是忍？

孩子在幼儿园跟小朋友一起玩，小朋友抢了他的玩具，他们在抢玩具的时候，另一个小朋友动手打了他，我觉得被小朋友打了不还手，孩子会变得懦弱胆小，又担心一旦告诉孩子动手打回去，他以后又会使用暴力解决问题，我该怎么办？

答

首先要告诉孩子，一定要保护好自己，如果有人打他，一定要大声制止，并表明自己的态度：“你不要打我！打人是不对的！”其次，要判断打人的孩子有没有主观的“欺凌”，如果孩子在被打后并没有产生委屈、恐惧、愤怒的情绪，完全没有必要让他觉得自己“被欺负”了。不能因为害怕孩子吃亏，就扼杀孩子们之间单纯的友谊和快乐。同时要考虑孩子的理解力，告诉孩子还手打回去，孩子理解不对，很可能不分事情的对错就会动手打人，这又将给孩子带来负面的影响。

Part 2

性格与品德

美好人生的基石

敲黑板了

高效育儿重点看

3~6 岁是孩子性格形成的关键时期，也是性格塑造的关键时期。父母能在这个时期抓住孩子的性格特点，有针对性地进行养育，有助于帮助孩子塑造良好的性格。

表现型的孩子积极乐观，渴望被关注；思考型的孩子善于思考，稳重可靠；指导型的孩子目标感强，是天生的领袖；亲切型的孩子性情温和，待人和善。抓住孩子的个性特点，因势利导进行有针对性的养育，才能符合孩子自身的个性发展。

自信心是幼儿成长道路上的基石，是学习过程中的润滑剂，是生活中必不可少的勇气。孩子拥有自信心，才能不断尝试，勇于克服困难。

善待他人、关爱他人，其实就是善待我们自己。在生活中，父母要经常教育孩子多给予他人爱心、善意和帮助，因为这些东西不会因为给予有所减少，反而会由于他们的善良而让自己得到更多。

3~6 岁，卓然个性的定型期

著名教育学家蒙台梭利认为：3~6 岁是孩子性格形成的关键时期，也是性格修正的关键时期。心理学上将其称为“潮湿的水泥期”，意思是说，3~6 岁孩子的性格就像潮湿的水泥一样，具有很强的可塑性。这一时期过后，水泥慢慢凝固，孩子的基本性格就固定下来了，再想有更大的、彻底的改变是很难的，因此该阶段良好的性格培养格外重要。

家庭环境和养育方式影响孩子的性格

家庭环境

倘若儿童一直处于被打击的状况，他就会丧失自信，所以身边的环境对其心理和性格会造成很大影响。

如果父母把孩子照顾得面面俱到，那么这个孩子往往就会很懒散，喜欢推卸责任；如果父母经常训斥孩子，那么孩子就会因为害怕而导致撒谎或者胆小怕事；如果父母动不动就大肆夸赞孩子，那么孩子长大后往往做了些许小事就会觉得了不起，并且因担心得不到夸赞而畏惧挑战。

好爸爸微课堂

随着孩子的逐渐长大，爸爸对孩子的影响也越来越大，爸爸的好性格会让孩子乐观积极，若爸爸脾气暴躁，那么孩子也可能性格暴躁。爸爸的责任感和做事情认真的态度，孩子也会看在眼里，因此这个阶段爸爸的言行举止、养育方式，对孩子会造成极大影响。

养育方式

孩子到了 3 岁，已经开始形成自己独特的人格特点了。对于那些有性格缺陷的孩子，在他 3~6 岁的这个阶段要尽快纠正。如果错过了这段时间，这些缺陷会逐渐放大，跟随孩子一生，对其今后各个方面的发展都将产生消极影响。

父母所表现出的情感交流方式直接影响着孩子性格。如果父母之间交流时经常吼叫，孩子就可能脾气暴躁，如果父母能心平气和地沟通，孩子便会在父母的影响下学会温和和尊重。

不少父母在孩子想参加某项活动之前，就向孩子列举自己的种种担心，结果使孩子产生恐惧心理，并因此畏缩不前。年龄越小的孩子越易受暗示，父母的性格特点极易通过早期的生活途径，以心理暗示的方法传递给孩子。

让爱引导成长，克服儿童性格缺陷

1 与孩子建立安全的依恋关系

依恋关系在孩子的性格培养上扮演着重要角色，好的依恋关系会让孩子勇敢地表达自己，也会使其更自信。

2 让孩子接触同伴，锻炼自己

孩子在与同伴的交往中学会妥协、坚持、合作等，也会通过观察小朋友的行为，而改善自己的性格缺点。

3 让孩子大胆地表达自己

首先，父母应该戒焦戒躁，不能打骂孩子，迫使他说话。可以邀请同龄小朋友和孩子一起参加集体活动，这时父母在一旁引导或干脆回避，让他们有一个自由的无拘无束的交流空间。

4 尊重孩子，不当众揭孩子的短

相对来说，性格软弱的孩子比较内向，感情较脆弱，父母尤其要注意保护孩子的自尊心。如果当众揭孩子的短，会严重损伤孩子的尊严。这些不良刺激会让孩子的弱点更难以纠正。

因势利导，激发孩子性格的潜在力量

养育孩子一定要了解他的天生性格，就像我们打算养花，要知道它的属性，什么时候浇水，什么时候施肥，浇多少水，施多少肥，这样才能有针对性地给予养料和水分，让它茁壮成长。养育孩子也是如此，先了解孩子是哪种性格，才能给予恰当的引导和关爱。

不同性格类型养育关键表

性格类型	性格关键词	养育关键词
表现型	积极乐观，想象力丰富，喜爱享受，渴望被人关注	优质关系，打温情牌，计划和责任，允许犯错，做错事后自己承担后果
思考型	稳重可靠，有条理，深刻专注，敏感多疑，完美主义	心理营养，情绪管理，不威胁、不吓唬，足够的安全感，多引导、多鼓励
指导型	目标感强，意志坚决，天生领袖，行动力强	压制不如引导，言传身教，认真道歉
亲切型	性情温和，宽容和善，安静乖巧，充满爱心	接纳慢节奏，多肯定，鼓励表达感受

表现型宝宝的养育法

表现型的孩子积极乐观，他们是人际关系的高手，喜欢享受，渴望被周围人肯定。可优点同时也会伴随着缺点，犹如一枚硬币的正反两面。因为他们积极乐观，所以，做错了事也不会放在心上，导致容易一错再错；因为在乎人际关系，所以关注他人的感受远大于对事情本身的责任；因为喜欢享受，所以自制力较差；因为渴望得到肯定，所以对自己喜欢的人乐于讨好。

针对这样的孩子，父母一定要与其建立良好的亲子关系，并多关注他、引导他。道理很多时候并不能使他信服，但好的关系可以。当我们说“妈妈很爱你，我相信你可以做到……”时，他才会听进去我们的建议。对于表现型孩子，家长应多培养孩子的责任心和自我约束力，从小事做起，及时鼓励，才能收到较好的效果。

思考型宝宝的养育法

思考型的孩子，感受非常细腻深刻，是天生的完美主义者。他们看到、想到、感受到的东西比其他类型的孩子多，所以在画画、音乐、舞蹈等艺术领域尤其有天赋。思考型孩子很小的时候就比较能坐得住，专注度高。他们可以一直重复做一件事情，直到自己满意为止。所以，思考型孩子通常学习较好。

针对这样的孩子，父母的养育重点应要放在情绪管理上。因为他们感受得太多太深，有了情绪之后不容易放下，所以父母要有足够的耐心去引导他们学会如何有效的情绪管理。在人际关系上，思考型孩子容易把自己的完美主义泛化，导致不容易交到朋友，父母需要教导孩子在人际关系中保有弹性。除此之外，因为思考型孩子通常比较敏感，父母在批评孩子的时候一定要注意对事不对人，以免对其造成伤害。

指导型宝宝的养育法

指导型的孩子目标感非常强，勇猛执着，容易取得成就。因为他们是目标导向型，所以展现出来的意志力、抗压力和自律性是其他类型的孩子无法企及的，指导型的孩子精力充沛，有决断，通常是天生的领袖。

针对这样的孩子，父母最重要的养育任务就是帮助孩子树立正确的是非观和道德观。同时，注意激发其同情心。指导型孩子最忌讳遇到掌控自己的父母，因为当他们强大的生命力不能得以施展时，就会流向破坏性的方向，所以父母要尽可能地给孩子自由发展的空间。

亲切型宝宝的养育法

亲切型的孩子性情温和，宽容和善，安静乖巧，充满爱心，很会察言观色，捕捉他人的情绪。一件事情必须有足够的把握，他们才会尝试。他们情绪稳定，不易受外界影响，哪怕养育者及成长环境不能给予他们足够的安全感，他们也能很好地适应，保持自身的节奏。

针对这样的孩子，父母养育的重点是接纳孩子因为个性谨慎而做事比较慢的特质，给他们足够的时间去思考。同时，父母需要鼓励孩子勇于表达自己的感受，让他们更有自信、更有尊严地交朋友。

编辑推荐

为了能够跟孩子更好地沟通，爸爸妈妈可以多读一些关于儿童养育方面的书，比如《如何说孩子才会听 怎么听孩子才肯说》《养育男孩》《养育女孩》《童年的秘密》。另外，特别推荐一本名为《伯克毕生发展心理学》的书，这本书并不是一本主流育儿书，但书里几乎涵盖了0~18岁孩子各个阶段的身体、语言、运动、社交、情感等诸多方面的内容，可以说是一本非常好的育儿工具书。

解读孩子行为
塑造孩子的良好性格

孩子行为

亮亮今年3岁半，刚刚进入幼儿园，他有个好朋友灵灵。一天灵灵和其他小朋友在玩游戏，他想要灵灵和他一起玩，但由于灵灵正在和别的小朋友玩，而且玩得很投入，就没有搭理他。但是亮亮并没有走开，也没有耐心等下去，而是伸手打了一下和灵灵一起玩的小朋友，还说："灵灵是我的好朋友，要听我的，和我玩，不能跟你玩。"导致那个小朋友哇哇大哭。

解读

亮亮具有明显的控制行为，想让别人听自己的，认为朋友是自己的，别人不能和自己的朋友玩。这种想法也是这个阶段孩子常见的，其实只根据这一点并不能妄断孩子具有性格缺陷。对于3岁多的孩子，可能是到了占有的敏感期，这个时期会出现一些打人、推人的行为。家长和老师处理孩子的问题时，要看他平时的表现，如果只是这一阶段的行为，只需要让孩子理解这样的行为并不友好，是一种不正确的处理方式，并且给予正确的示范即可，切记上纲上线。

靠谱做法

孩子在一定阶段偶尔出现"暴力"行为，是很正常的，家长只要引导孩子改正这一错误行为即可，切不可小题大做。以下几点帮你学会塑造孩子的良好性格：

- 建立安全的亲子依恋关系：安全感好的孩子，通常性格也不那么"拧巴"。
- 通过游戏拓展孩子的性格优点：在游戏中，孩子通过观察、分享、合作，更有利于其性格的塑造。
- 针对训练，克服孩子的性格缺点：对于天生懦弱的孩子，应多带他见见世面，多让他跟人交际，可以让他参加一些小演讲、辩论会等，提高其沟通能力。对于天生张扬的孩子，需要发现并培养其兴趣爱好，让他在自己的"领地"释放能量。同时，要提前做好规定或约定，让他懂得谦逊。
- 放手，不要让你的包办阻碍孩子的性格发育：在给孩子立规矩时应考虑其性格特点，规矩不要过于严苛。父母的适当放手，对孩子的性格塑造大有裨益。

穷养富养不如教养：让孩子学会礼貌与尊重

一次礼貌的让座，一句贴心的问候，一身整洁的衣服，都是孩子有良好教养的表现。教养是一个人成功的基本因素，需要从小开始培养。父母的家庭教育方式影响着孩子一生的发展，在孩子成长的每一步，都需要关注孩子的教养问题。对于父母而言，养育一个孩子，不管是穷养还是富养，都不如教养！

3 招洞察孩子不懂礼貌的原因

很多家长都会有这样的苦恼，别人家的孩子，父母说一句话孩子就会听从，也特别懂礼貌。而自己家的孩子，不论怎么唠叨都是左耳朵进右耳朵出，而且还是人来疯。父母在问“怎么办”之前，先来想想孩子为什么不听话？

1 检视自己的指令是否清晰易懂

例如，要求孩子把房间收拾干净，但孩子并不理解什么样的房间算是干净的。因此，父母在发出指令时一定要明确。“把你的玩具放到玩具箱里”“把红色的积木放在小纸箱里”，将指令明确化，孩子才能听懂，自然会配合你。

2 要孩子做的事情是否符合其发育特点

有时孩子能听懂父母的要求，但不知道怎么做。比如对一个 4 岁的男孩说“把洗好的衣服晾起来”，他可能会因为身高不够无法完成。所以父母在对孩子提出要求时，最好先确认自己的要求是不是孩子在这个年龄段能做到的。

3 理解行为背后的信念，发现教养盲点

有些父母发现孩子有能力去做却不愿意做，或者不让他去做的时候他偏去做，这时父母要了解孩子行为背后的真正原因。有可能是家长指出了孩子的错误行为，却没有给出具体的做法，也可能因为对孩子的错误行为态度不坚定。还有的孩子可能只是想引起他人的关注，故意唱反调求关注。

列礼貌清单，让行为举止具体化

孩子的教养体现在生活的细节中，体现在每一次待人接物的方式上。教孩子一些基本的礼仪规范，能让他的社交更轻松。

• 学会使用礼貌用语

平时注意使用“您”“您好”“请”“谢谢”“对不起”等礼貌用语。

“您好！”（对长辈要用尊称）“你好！”（朋友之间的打招呼）

向别人借东西：请把你的 XX 借给我用一下，可以吗?

不小心弄坏别人的东西：对不起，可以原谅我吗?

• 平等对待每个人

不因长相和身材而歧视他人，更不应该歧视身体有缺陷的人。

• 做到不欺负人，也不被别人欺负

不能因为自己强壮力气大就欺负弱小者。当孩子欺负小朋友时，家长可借助同理心，让他试着掐自己一把，看看疼不疼，告诉他被欺负的小朋友也很疼。欺负别人是绝对不被允许的。当别人欺负自己的孩子时，告诉孩子必须马上制止对方的欺负行为，保护自己不被继续欺负。然后告诉老师或者家长以寻求帮助，大声对欺负人的孩子说“不可以”，远离欺负人的孩子。

• 与别人交流要真诚，并积极回应

说话时看着对方的眼睛，认真倾听；回避对方的视线，难以向对方传达自己的感情。别人说话时，不要随便插话。说话时不要用手指向对方。

解读孩子行为
培养讲文明懂礼貌的好孩子

孩子行为

妈妈带着 3 岁的轩轩到亮亮家做客，两个小朋友由于年龄相仿，很快便打成一片，亮亮也把自己的玩具分享给轩轩。可是玩着玩着，亮亮忽然大哭起来，原来轩轩没有经过亮亮的允许便拿了他的托马斯，亮亮表示不同意后，轩轩硬是抢走了。妈妈批评了轩轩，轩轩不但不道歉，还把亮亮的托马斯扔在地上。

解读

这个阶段的孩子还不能很好地表达自己的想法，也不能很好地控制自己的行为，因此父母引导格外重要。首先应该指出孩子这样的行为是没有礼貌的行为，想要玩别人的玩具，就要得到别人的首肯，别人不同意，可以商量，但不能采用暴力的方式。做错事情要道歉，道歉要诚恳，并获得对方的原谅。

靠谱做法

有句古语"染于苍则苍，染于黄则黄"，是说父母的一举一动会对孩子产生极大的影响。父母要以身作则，给孩子树立良好榜样。

- 培养孩子的规则意识：规则是礼貌的基础，家庭中的规矩，待人接物的方式方法，必须要让孩子从父母的态度中习得。
- 从小事做起：不因善小而不为，不因恶小而为之。小事中才能真正体现一个人的品性和修养。
- 礼貌行为需要坚持：对孩子的教育贵在坚持，孩子的年龄小，是非观弱，自控力差，会反复出错，这就需要家长能够坚定自己的态度，而不是高兴的时候怎样都行，心情不好的时候对孩子又严厉批评。

诚实守信：一个人一生的名片

诚信是立身之根本，是孕育其他品德的基础。3~6 岁的孩子处在身心迅速发展的时期，也是思想品德形成的重要时期。从小培养孩子诚实守信，不撒谎、不欺骗，将会让孩子受益终生。

以身作则，给孩子树立好榜样

没有人能保证自己一生不说谎，尤其在复杂的人际关系中，有时也许是善意的谎言。对于孩子来说，他们具有超强的模仿能力，如果经常在谎言中生活，也会变得爱撒谎，耍小聪明等。想要孩子不撒谎，就需要家长树立好榜样。

• 重承诺

对孩子或他人的承诺要认真履行，犯错后要及时承认错误，并认真改正，这样孩子也能从中学习犯错后的正确处理方式。

尊重和孩子之间的约定，在向孩子许诺之前一定要三思，答应孩子的事情就一定要做到，不要信口雌黄，不要随便欺骗孩子。

• 拒绝任何形式的谎言

不要当着孩子的面对别人说谎，即使有时因为社交需要而不得不说一些白色的谎言，也要尽量避开孩子，如果实在无法避开，事后应向孩子解释清楚。

不要让孩子帮自己说谎。自己不想接的电话就让孩子谎说自己不在家，自己不想借的东西就让孩子谎说东西丢了或找不到了，这在无形中会让孩子不知所措，分不清行为的正误。

了解孩子说谎原因比责骂更重要

说谎可以说是孩子社会性发展的一个征象。在3~6岁这个阶段，他们开始意识到，在同一件事情上，选择不同结果也会不同。对于孩子说谎，不能简单粗暴地制止，探究孩子说谎的原因，对症下药，才是聪明父母该有的做法。孩子说谎的原因往往有以下几种：

• 分不清现实和想象

5岁以下的孩子对现实发生的事情和自己想象的画面容易混淆，而且就一件事的理解，孩子和大人的视角不同，价值取向也有偏差。当他们描述的情况和大人认为的情形不同时，有的家长则认为孩子撒谎了。其实这是孩子大脑飞速发育的表现，家长不用过于上纲上线。

• 规避风险，自我保护

当孩子意识到做某件事会带来不良后果但仍然一意孤行的时候，就会用说谎的方式规避可能的管教（批评、体罚等）。如果孩子因此说谎，家长要反省对待孩子不当言行的处理方式是否过激而引起孩子的恐惧心，所以逼迫孩子用说谎进行自我保护。

• 模仿大人的行为

家长给孩子做允诺却不兑现，用吓唬孩子的方法让其听话，或者在社交场合说一些超出孩子认知的“反语”。而这些都会让孩子看在眼里，听在耳里。家长的这些行为，会让孩子认为这是种利己的、有效的方式而模仿学习。所以家长必须以身作则，如果有不得不撒谎的时候，应该跟孩子讲清楚，不要误导孩子。

编辑推荐

美国作家丹尼尔·平克在《驱动力》这本书里提到过，如果父母通过奖赏或惩罚来影响孩子的行为，那么他们可能往往不会得到想要的结果。孩子会继续做父母不想让他做的那些行为，只是会更加努力隐藏，避免下次再被抓到。所以，如果一个孩子经常被责罚，那么他的行为可能会更糟糕，但他会试图不被看出来。

解读孩子行为
做一个诚实可信的孩子

孩子行为

闻闻今年 4 岁了，平时爸爸妈妈会经常强调诚实的重要性，告诉他“坚决不能说谎话”。可是最近闻闻总说谎话，有一天一连说了四五个，而且找不到他说谎话的原因。这令闻闻的父母很苦恼。

解读

首先，家长在孩子诚实守信方面对孩子要求严格是好事，这样可以从小培养其良好的品德。就孩子的成长规律而言，一个 4 岁左右的孩子偶尔说大话、吹牛皮是很正常的，因为 4 岁的孩子还无法将现实和想象完全分清楚。

其次，告诉孩子这样做会给别人以及自己带来的不良影响，并让孩子认识到自己这样做不正确。当然，如果这只是孩子偶尔的行为，或者行为并不严重，家长完全不必大惊小怪。等他们的认知进一步发展之后，“说谎”的行为也会自然消失。

靠谱做法

通常情况下孩子撒谎主要是为了得到好处或躲避惩罚，父母可以通过以下方法教会孩子诚实：

- 多与孩子沟通，懂得倾听孩子的心声。父母平时应加强与孩子沟通互动，多了解孩子的想法，让其感受到父母对他的关爱与关注。
- 满足孩子合理的要求和愿望。如适时地给孩子添置玩具、图书等。让孩子意识到自己需要的东西只要是合理的，父母都会尽量满足。这样可避免孩子因需求得不到满足而把别人的东西归为己有。
- 不要惩罚认错的孩子。当孩子第一次告诉你，他在外面闯了祸或学习成绩不好，家长首先要表扬孩子的诚实，然后帮他分析为什么会出错，一同找出解决问题的办法。这样孩子以后就不怕对家长讲实话，有了困难也愿意向家长求助。
- 家长对孩子的教育应该前后一致。切忌在自己心情好的时候，见孩子做错了事也不管教，在自己心情不好的时候便随意责备、训斥孩子。

世界育儿公开课
助你缓解养育焦虑

为孩子的谎言保守秘密

在《犹太人育儿经》一书中，作者西蒙强调孩子的成长是一个不断犯错、不断改善的过程。父母要培养孩子反省的能力，这比父母或他人指出其错误再改正效果更好。那么，对于撒谎这件事情，犹太人是怎么做的呢？

犹太父母经常给孩子讲述犹太拉比（老师或者智者的象征）和世界各国成功人士诚实的故事，与孩子一起面对问题，一起解决遇到的困难。

孩子有时候并不知道自己所认识的东西或者说的话是错误的，而且很多孩子都坚信自己才是正确的。孩子说谎大多不含恶意，有些可能是出于自我保护，害怕被惩罚，或者为了吸引大人的注意力，或者分不清楚现实与幻想等。家长应该弄清孩子说谎的原因，了解孩子行为背后的信念，并注意为孩子的谎言保守秘密。

当发现孩子撒谎时，父母不要盲目责备孩子，盲目责备的后果是无法清楚知道孩子说谎的目的和动机。要营造一种客观平和的气氛，这样亲子关系才会有正向的发展。另外，对孩子进行教育时，能在家里进行教育的，就不要拿到外面去。也不要把孩子撒谎的事情随便与外人谈论，要保护孩子的自尊。

自信与自爱：悦纳自己，拥有自我肯定的力量

自信是人生最宝贵的精神财富。教育家蒙台梭利说：一旦孩子内心有自卑感，孩子的生活就会充满冲突，随之会出现胆怯、退缩等表现。与之相反的是自信，自信使孩子能掌握或驾驭自己的行为。幼儿期是性格品质的可塑期，培养孩子的自信心，将有助于其身心健康成长。

悦纳自我，认清自己

要相信"天生我材必有用"，每个人都有自己独特的价值，每个人都是独一无二的。家长应教导孩子不要揪住自己的缺点不放，接受自己的缺点，发扬自己的优点，不断地超越自己。只有认清自己，才能了解内心的真正需求，才不会盲目自卑和自信。

适当表扬，增强孩子的自信心

家长对孩子做出积极评价，并且认为孩子表现良好时，孩子的自信心就会得到滋养；反之，家长对孩子失去信心，其自信心就会坍塌。每个孩子都有自己的特性，在这方面表现不好，也许在另一方面就会有突出表现，家长应多观察孩子，发现他身上的闪光点，在孩子表现好的时候多给予鼓励，让他在不断被肯定中建立自信心。

珍爱自己，才懂得珍惜生活

学会爱护自己，才能更好地爱惜他人。孩子学会了自爱，才能懂得珍惜生活、珍惜身边的人。那么孩子在生活中如何做到自爱呢？

爱自己的身体

父母在家里可以跟孩子谈论身体的强壮、灵活等，而不仅仅是美丽等外表的美。接纳自己，让孩子变得积极和自重。

爱自己的缺点

爱自己，就要爱自己的优点和缺点，才不会自卑。每个人都有缺点，只有正视自己的缺点，才不会盲目顺从他人，才会更自信。

学会赞美自己

学会赞美别人的同时也需要赞美自己，赞美的时候要真诚、具体，这样可以充分发现自己的优点，也会更自信。

家长该如何引导孩子自信与自爱

情感体验

运用积极的情感体验，培养孩子良好的自我评价能力。

引领

以正面人物的优良品质和模范行为去影响孩子，而家长的人格魅力对孩子的影响具有深远而重大的意义。

荣誉

孩子哪方面做得好、有进步，家长应该及时鼓励，激发其上进心和荣誉感，并让他们正确认识自己的能力。

尊重

尊重孩子的独立人格和自尊心，接纳孩子的一切，平等相待，使孩子获得信任，充满自信心，消除自卑感，不断进步。尤其不要拿孩子的短处和其他孩子的长处做比较。

激励

有目的、有计划地指导孩子参与各种实践活动，在活动中激励他们养成良好的思想品德和行为能力。比如和小朋友一起做游戏，一起完成一项任务，从而培养其自信心。

解读孩子行为
从源头培养自信

孩子行为

4 岁的可可在幼儿园学画画的时候，老师教小朋友画多层蛋糕，先在最底下画一个大点的长方形，再在上面画一个长方形，这样连续画四个长方形基本就画好了。但是可可拿着笔一动不动，在老师的帮助下画了一点，但每次画的都不是长方形，而是椭圆形。可可看了老师画的蛋糕，又看了看自己的蛋糕，然后擦掉了，很沮丧地说："我不想画了。"

解读

幼儿在这个阶段的能力参差不齐，有的孩子会超前发展，有的孩子相对延后，都是正常现象。如果可可以前没有拿笔写字或画画的经历，他可能掌握不好怎么画出各种形状。这就需要老师加以引导，并且老师不应该用成人固化的思想去要求孩子，应多鼓励孩子自己创作。

靠谱做法

- 当孩子学习或者做事情遇到困难，不要嘲笑他或者刻意强调。可以换个时间再教他，嘲笑只会让孩子丧失信心和兴趣。
- 不要拿自己的孩子和别人家的孩子做比较：不要对孩子说"你看 xx 多优秀""别人都会，你怎么不会"，家长应该做的是"纵向比较"而不是"横向比较"，这有助于激发孩子的自信心。
- 认可孩子，让孩子做力所能及的事：让孩子清洗自己的袜子，哪怕洗不干净，也应多给予鼓励。孩子的自信源于生活中每件小事获得的成功体验。
- 教孩子认可自己的长相：比如告诉孩子虽然他的眼睛不大但很有神，个头不高但是动作灵活。很多不自信源于对自己相貌的不认可。
- 让孩子感受到自己被需要：可以让孩子帮妈妈倒杯水、拿条毛巾，让孩子觉得自己被需要，自己是有价值的。
- 帮助孩子勇敢面对挫折：当孩子遭遇挫折，用缓和的语气帮他分析，避免他再犯相同的错误。而且要孩子相信即使遇到挫折，他也在认真想办法解决。

善良与关爱：换位思考，拥有一颗同理心

善良就像太阳，能够普照大地，照耀他人的同时也温暖了自己。善待他人是人类非常宝贵的品质，一个与人为善、心地善良的人也总会受到人们的称赞和尊重。

学会善良，拥有爱心

一个拥有爱心的人，知道关爱他人，也会换来他人的真诚关爱；一个会关爱他人的人，也会收获爱心和幸福。家长通常对孩子的身体和智力发育十分重视，却极少关注孩子是否乐于帮助他人、善待周围的人。播种什么样的种子便会收获什么样的果实，善良与关爱是融入社会的“敲门砖”。拥有善良，便拥有了良好的人际关系。

让孩子懂得关心他人

在孩子成长过程中，应重点培养孩子的善良，让他们学会平衡自己的需求与他人的需求。家长应常在孩子面前强调关心他人、学会宽容，对他善待他人的行为给予肯定。家长可以通过自己的榜样作用，让孩子学习如何关心别人，同时学着向关心他的人表示感谢。

扩大孩子的关心范围

家长需要帮助孩子学会不要以自我为中心，尝试关心家人、朋友之外的人。比如当老师、同学生病时，引导孩子主动打电话慰问，鼓励他们关心弱小的人。

教孩子处理不良情绪

愤怒、羞愧、妒忌或其他不良情绪会削弱关心他人的能力，所以，自我控制是塑造孩子良好品格的重要环节。要告诉孩子，任何情绪都是正常的，但要学会积极地处理负面情绪。

施善时做好自我保护

家长要教会孩子不要随意对陌生人施以善良和爱心，尤其是父母不在身边的时候。一定要在保护好自己的前提下关心他人，表达善意。

寓教于乐，教孩子学会换位思考

学会换位思考，站在对方的角度看问题，设身处地为对方着想，就能减少许多不必要的纷争和矛盾。

角色互换游戏，帮助孩子换位思考

平时在家里，可以和孩子玩角色互换游戏，比如让孩子扮演父母，父母扮演孩子，跟孩子说“妈妈，我想吃苹果”“妈妈，我想喝水”“爸爸，我想搭积木”，只要是孩子平时喜欢做的，或者总是要求父母做的，都可以让他学着父母的样子去做。游戏结束后，要抓准时机问孩子的感受和想法。或者当孩子犯了错误时，可以把孩子的行为“演”一遍给他看，很多时候，孩子看完后会觉得特别可笑。这就是利用同理心，让孩子意识到自己的行为会给别人带来麻烦。

运用故事教孩子换位思考

可以选择一些绘本，通过故事让孩子感同身受、学习道理，故事带给孩子的启发比家长单纯说教有效得多。边读故事边问问题，不仅能启发孩子思考，还能增强其想象力。

好爸爸微课堂

随着孩子慢慢长大，爸爸在养育中的作用越来越重要，爸爸的言行举止对孩子的影响非常大。很多爸爸平时忙于工作，和孩子互动少。爸爸可以尝试在有限的时间里多关心妈妈和孩子，下班后陪孩子玩他喜欢的游戏，每逢节日送给妈妈心仪的礼物，没事多给老人打电话问候，在这种潜移默化中让孩子懂得如何关爱他人。

解读孩子行为
关爱他人，播种爱的种子

孩子行为

阳阳是个 3 岁半的女孩，爸爸告诉她明天是妈妈的生日，要给妈妈准备礼物，阳阳问爸爸："那要准备什么呢？"爸爸告诉她，只要是她送给妈妈的，妈妈都会很喜欢。阳阳想了想，说："好的爸爸，我知道给妈妈准备什么了。"第二天，阳阳早晨起来，就祝妈妈生日快乐，并把自己准备的礼物送给了妈妈。妈妈打开一看，原来是阳阳一直没舍得吃的那根棒棒糖。

解读

在阳阳心里，棒棒糖就是自己最喜欢的东西，而且也是她很珍惜的东西，她知道把自己最喜欢的东西送给妈妈，认为妈妈也一定很喜欢。小小的她已经懂得要把好的东西和别人一起分享，这是非常难能可贵的。一般 6 岁前的孩子还处于以自我为中心的阶段，由于年龄小，还不能理解妈妈真正需要什么。但相信妈妈看到阳阳这样的行为一定也是十分感动的，这已经是最好的礼物了。

靠谱做法

孩子 6 岁以前还处于以自我为中心的阶段，还没有学会从他人的角度思考问题。如何与他人建立友好关系，而不是一味关注自我的主观感受，是孩子在成长过程中需要学习的能力。

- 在前面已经多次强调父母的教育一定要有耐心，多给予引导，比如可以让孩子想一想爸爸平时喜欢做什么事情，妈妈喜欢买什么，爷爷奶奶喜欢吃什么，外公外婆喜欢去哪溜达。通过对一些生活细节的描述与联想，可以让孩子更知道怎么关爱家人。

勇气与责任：犯错要有担当

犹太人有一句智慧名言："好事可以分享，自己的责任一定要自己承担。"因为不管把事情推给他人，还是归咎于环境，自己的责任仍然存在，无法消失。犯错是每个孩子成长过程中必然经历的，孩子就是在不断试错中成长的，犯了错误关键要有承担错误的勇气，不逃避，这对培养孩子的良好品格也是很有帮助的。

不逃避自己的责任

首先要对自己负责，了解自己的行为会导致怎样的后果，并且明白这样的后果应该由自己来承担，这就需要孩子有足够的勇气承担自己犯的错误。

• 鼓励孩子承认错误

当孩子犯错时，很多家长便会指责、打骂孩子，或者溺爱包庇，这样的行为是不可取的。应该引导孩子分析问题、解决问题，告诉他们这样的行为为什么不对，避免下次犯同样的错误。

• 让孩子承担错误带来的自然后果

当孩子犯错时，最直接、最有效的解决方法就是让他们自己承担犯错所带来的后果。

比如，当孩子弄坏了其他小朋友的玩具，可以先问问他该怎么办，想明白弄坏别人的玩具可能会有哪些后果。经过聊天，孩子会一步步懂得：我弄坏别人的玩具，别人会非常难过；如果不道歉，也不把玩具修好，对方会生气，以后他就不会再把玩具借给我玩了，说不定我还会失去这个朋友。

和孩子寻找解决办法

还是以弄坏小朋友的玩具为例。首先，可以鼓励孩子向朋友道歉，告诉朋友自己会把玩具修好或是赔他一个新的玩具。至于修玩具或者买玩具的花费，要继续和孩子商量：由于是他弄坏了别人的玩具，所以要用他的压岁钱来买；或是用原本打算给他买新玩具的钱去买；也可以是家长帮着买，但他要通过承担一些家务活来赚取钱还给大人。

经过这样的过程，孩子会直接看到这个错误会给自己带来怎样的影响，也能学会如何为自己的行为负责，往后就会努力约束自己，争取不再犯同样的错误。

从小事培养责任感

现在人们的物质生活条件已经极大丰富，很多家长在孩子的吃穿住行等方面也非常大方，力求给孩子最好的。可也要记得别让孩子养成一味索取的习惯，如果只要孩子张嘴要父母就给，对其身心发展有害无益。在孩子成长的关键期，家长要重视孩子责任意识的培养。那么如何培养孩子的责任感呢？

- 如果有条件，多让孩子负责照料一下家里的花草、小动物等。
- 鼓励孩子帮忙做力所能及的家务。
- 在孩子将房间弄得乱糟糟后，让他自己收拾残局。
- 当孩子造成财物损失时，要让他承担全部或部分责任。
- 用乐观的心态带领孩子弥补因他的过失造成的不良后果。

解读孩子行为
每次犯错都为教育提供了机会

孩子行为

几个小朋友在小区里玩，一个小朋友的家长带了些饼干，分给大家，可是当分给亮亮的时候，他没有拒绝说“我不喜欢吃”，而是接过饼干，将饼干扔在了地上。而其他小朋友有的也把饼干扔在了地上。给小朋友分饼干的家长顿时很不开心，“小朋友，要是不喜欢吃，可以不要，扔在地上很浪费哦！”

解读

面对孩子这样的行为，家长应该及时教育。首先，告诉孩子浪费食物是不对的；其次，自己这样接过别人的东西又破坏的行为是不礼貌的，以后就没有人再愿意跟他分享东西了，而且这样的行为大家也不喜欢，会交不到朋友。别人给的东西如果不喜欢，要懂得礼貌拒绝，告诉对方自己不喜欢或者不饿，并表示感谢。最后，要跟给他饼干的阿姨道歉，保证下次不会再出现类似的行为。

靠谱做法

孩子犯错之后的逃避行为是本性，家长不应该对孩子过于严苛，关键是让他意识到错误，再慢慢帮助他改正。下面给出几种培养孩子责任感的措施：

- 让孩子为自己的过错承担后果。当孩子做错了事，父母不要急于为孩子的过错买单，让他自己承担后果，比如损坏别人的玩具，自己想办法赔偿。
- 重视言传身教。家长要给孩子树立好榜样，比如答应别人的事要做到，自己做错了事要真诚地向他人道歉，要礼貌待人，要有爱心，等等。在一次次良好的示范行为中，孩子也慢慢学会了什么是责任、什么是善良。

分享与合作：合作才能共赢

卡耐基通过自己的成功经验发现了一个重要的规律：一个人的成功，15% 靠专业知识，85% 靠人际关系和处世技巧，而人际关系和处世技巧就是学习合作。只有懂得合作，才能更好地处理人际关系、适应环境，并充分发挥自己的潜能。

学会分享，别让自私的种子扎根

在孩子的成长过程中，总会出现这样的情况，自己的玩具不给别人玩，别人的玩具还要抢来玩；总是盯着别人手里的吃的，而不让别人碰自己的，这样的情况令父母特别苦恼。父母需要及时做好引导，让孩子慢慢学会分享。

• 少批评指责，多引导调节

中国现在的育儿模式一般都是“4+2”的育儿模式，隔代养育已经成为普遍现象。在家庭中，老人省吃俭用，对于孙子孙女却出手阔绰，经常会给孩子开小灶，而孩子也似乎习惯独享这样的“小灶”。这就需要让他知道，好吃的、好玩的要学会大家一起分享，鼓励孩子把自己觉得很珍贵的东西分给他人。

• 不要强迫孩子分享

小朋友之间想要交换玩具的时候，有的更喜欢别人的玩具，觉得别人的好，有的则紧紧抱住自己的玩具，不愿意和别人分享。这时可以引导孩子，告诉他，分享玩具后大家能玩到不一样的玩具，会更开心；如果他这次与其他小朋友分享自己喜欢的东西，那么下次别的小朋友也更愿和他分享好东西，而且也会因此多一个好朋友。当然也要尊重孩子的意愿，如果孩子真的不愿分享，一定不要强求。对孩子来说，有时分享意味着“失去”。

培养孩子的合作意识

“我的孩子只喜欢自己玩，和其他小朋友交流很少，不容易融入集体。”如今，有这样感叹的父母越来越多。一个懂得合作的人，能够更好地适应环境，发挥自己的潜能。

“赢”≠对方一定输

有一个游戏，找来 10 个人，两两分成一组，两人分别站在一条线的两侧，面对面站好，不可以发出声音，不可以拉对方，通过做动作让对方到自己这边来就算赢。游戏结果让人很失望，所有人都原地不动。

这里重申一下，游戏时，并没有说如果自己站到了对方的阵营就算输，如果每个人都做手势互换站在对方的阵营，就会有一个满意的结果：每个人都会赢。这就是“共赢实验”，只有当两个人都有合作共赢的概念时，才不会出现游戏中谁都说服不了对方的局面。

生活中可以学到的合作技巧

寓教于乐

对于孩子来说，游戏是最好的教育方式，可以让孩子边玩边学习。在游戏时，孩子总是最开心的，通过游戏可以让他们在快乐中成长。游戏对培养孩子的合作精神非常有效，集体游戏是对社会活动的模仿，符合孩子的心理成长，也是极具教育效果的方法。

做运动

可以让孩子参加合作性较强的运动，例如足球、篮球等，这样的运动会让孩子体验团结合作的快乐，也能感受到集体荣誉感。

公益活动

孩子参与公益活动，会让其学会爱与宽容。在活动中，孩子会更加有耐心，并且锻炼其自主能力、与人合作沟通的能力等。

解读孩子行为

善于合作，人际关系会更好

孩子行为

康康和果果在一个幼儿园上学，平时也经常在一起玩，一天康康和果果约好了一起在小区玩挖沙子游戏。他们打算在沙堆上搭个城堡，再挖个隧道。刚开始康康在挖隧道，果果在搭城堡。这时候又来了一个小朋友，叫朵朵，朵朵询问："哥哥，你们在玩什么？能让我也加入吗？"康康说："你又没带工具，怎么挖呢？"这时，果果把自己的铲子给了朵朵。"你用我的吧，我用纸壳挖。"说完，他们把空间让给朵朵一处，并和她一起建城堡，虽然三个小朋友都自己挖自己的隧道，自己搭自己的城堡，但是玩得十分开心。

解读

一般孩子在 3 岁左右会有初期的合作意识，过了 4 岁，这种意识更明显。康康和果果是很固定的同伴关系，刚开始康康可能并没有同意朵朵的加入，但也没有直接拒绝，当果果把自己的铲子分享给朵朵后，康康便接受了朵朵的加入。事实也证明，良好稳固的同伴关系会激发孩子的合作。虽然他们几乎是各玩各的，但是整个过程中，他们的合作意识已经萌芽了。

靠谱做法

- 孩子与同伴玩的时候，如果没有发生危险，父母就不要干涉。如果对孩子管得太死，不顾及孩子的感受和想法，孩子要么从父母那里学会专制，不懂得考虑别人的需求，要么特别被动，只会追随他人，而没有自己的主见，自然也就不懂怎么合作。
- 合作前先要知道自己的责任。根据孩子的年龄，让他做些与自己有关的事情，尽量做到自己的事自己做。这样做一方面可以减轻父母的负担，更重要的是让孩子学会对自己负责。
- 既要教会孩子合作，又要让孩子按照规则去竞争，在合作中竞争，在竞争中合作。父母要告诉孩子靠自己的力量去竞争，做一个光明磊落的人。

儿童成长需要时间

阿德勒在《儿童教育心理学》一书中讲到，教育的天职，是不让儿童丧失勇气。如果儿童不断重复自己错误的行为模式，家长便很难在短时间内纠正他们的行为，所以教育一定要有耐心。

阿德勒还指出，自卑和自我为中心的因素，不仅包括个体以前的身体缺陷和体质不好，还包括与生理因素无关的外界环境，自卑和自我为中心等问题可能是由错误的养育方式或者缺乏关爱、过于严厉的教育方式造成的。在这种情况下，生活对于儿童来说只有痛苦，他们会以充满敌意的态度去看待他们生活的环境。这些“心怀怨恨”的儿童具有破坏性，他们缺乏战胜困难的勇气，所以会对弱者进行压迫，以补偿自己的无力感。他们还会通过表面对人友好来获得优越感，但也只有别人对他言听计从时，才会继续保持友好。

在教育的过程中，如果孩子试图改进自己的行为，但情况有所反复时，可取的做法是向他们解释改变需要时间，让他们“慢慢来”，这样可以安抚孩子，不让其丧失信心和勇气。要相信一个有自信心的孩子有能力改善自己的不足。事实上，众多案例都证明，儿童的能力不足是因为成长方向出现了偏差，但只要他们的智力没有问题，他们的行为都有被纠正的可能。

专 • 题

“双性化教育”，让孩子拥有更完善的性格

我们经常会听到父母说“女孩就应该有个女孩的样子，风风火火的像什么样”“男孩就要有男孩的样子，安安静静的，真愁人”，其实教育孩子时，如果过于严格、绝对地对其进行性别定型，即男孩只培养其粗犷、刚强等男性气质，女孩只培养其温柔、细腻等女性气质，只会限制孩子智力、个性的全面发展。

什么是双性化教育

“双性化教育”是个新的教育名词，是指在对孩子进行教育的时候能够保持男孩女孩的性格关系平衡。双性化教育渐渐被人们认同，它的出现，可以中和或者互补在男孩女孩身上出现的性格单一。

为什么对孩子进行双性化教育

使孩子性格互补

不论男孩女孩，有性格柔弱的、腼腆的，也有活泼的、好动的，双性化教育会中和孩子的性格缺点，使其性格得以互补。

培养孩子的高情商

好的性格可以使孩子在日常的社交中游刃有余，建立良好的人际关系，也利于孩子的情商培养。

培养孩子独特的个性

每个孩子都是不同的个体，双性化教育不过度强调女孩男孩应该怎样，而是让孩子尊崇自己的性格优势成长，这对孩子自身个性的培养更有好处。

Tips

双性化教育不是性别教育

经常会看到这样的画面，我是女孩，我只跟女孩玩，你是男孩，一边去，那里有积木，你自己去玩吧！其实小孩子对于性别还没有一个清晰的概念，我们在对其进行双性化教育时，不能过于强调性别差异。对于孩子来说，男孩和女孩一起玩耍能互相学习，可以促进女孩性格爽朗，促进男孩细腻、有耐心等。

怎样对孩子进行双性化教育

1 **双性化教育要讲究尺度**

双性化教育要把握好度，不可以把男孩子完全当女孩子，也不能把女孩子完全当男孩子，对他们进行教育的重点，是心理上的互补和平衡，而不是一味改变他们的生活习惯和行为方式。别让男孩太女孩化，也别让女孩太男性化。

2 **引导孩子学习异性身上的优点**

每个人身上都会有闪光点。有的只是还没被发掘而已。我们要积极引导孩子发现异性身上的闪光点，并积极学习。孩子不但要发挥自己本身性别带来的优势，同时要学习异性身上的优点。这样不仅能克服自身性别的性格弱项，还能培养另一种良好的性格品质。

3 **不刻意强调男女性格特征的不同**

女孩一般都比较温柔、做事细心，而男孩则比较坚强、勇敢，但这些品质男孩女孩可以共同拥有。如果家长一味强调男孩子要怎么怎么样，女孩子要如何如何，会让孩子形成一种固定思维。他们就会单纯地觉得自己是男孩，不能像女孩一样细心；自己是女孩，可以不用像男孩一样坚强。

4 **不强制孩子，让其顺其自然地发展**

育儿应该在一种亲子良好互动下进行，没有压制，也没有放纵，适当引导就好。当孩子发现别人身上的闪光点时，自然就会学习。如果孩子不觉得那样的性格有什么好，也不要强求，让孩子顺其自然地发展就好。

问答直播间

网络热点难题解答

有了弟弟妹妹后，会让大宝更早进入叛逆期吗？

最近，家里添了二宝，怀孕的时候家里人就不断给大宝做心理建设，大宝看上去也欣然接受这个即将到来的小宝宝。妹妹出生后，大宝对妹妹也很好奇、很喜欢，但是最近大宝很焦躁，很爱发脾气。感觉二宝的到来给大宝带来了负面影响，请问该怎么做来帮助大宝？

答

虽然大宝已经接受家里新添了个宝宝，但忽然多了个宝宝，就会迫使他不得不学习新的规则来适应生活。而且在二宝刚刚到来时，家里人会变得很忙碌，有时会疏忽他的感受，导致大宝可能对妹妹产生又爱又“恨”的心理，这时需要家长多关心大宝，利用情感疏导引导大宝把所有情绪发泄出来。相信过段时间，大宝就会逐渐适应新的生活模式了。

当孩子问“我是从哪里来的”，家长应该怎么回答？

一天，5 岁的儿子忽然很郑重地问我，他是怎么来的，以前他也问过类似的问题，但我们都告诉他，他是爸爸妈妈爱的结晶，爸爸妈妈相爱了，然后就有了他。但这次他刨根问底，一时间，我和丈夫也不知道怎么回答。请问，再遇到这样的情况，该怎么跟孩子解释比较好？

答

这个问题很多孩子在成长过程中都会问。其实家长可以用讲故事的方法把这个事情告诉给孩子：爸爸妈妈相爱，然后就有一颗爱的种子在妈妈的肚子里长啊长啊，就长大了，直到有一天你长到足够大，爸爸就把妈妈送到了医院，医生就帮助你从妈妈的肚子里出来了。

孩子犯了错误不知道承担，该怎样教他有担当、有责任感？

孩子 4 岁了，经常做错了事不承认，而且还老是往别人身上推。一次在跟爸爸做游戏时，他拿着木剑把爸爸的腿打了一个口子，批评他，他说不是故意的，是因为爸爸没有躲开。他怎么能这么没有担当，该怎么教育他呀？

答

要培养孩子的责任感，就必须让孩子养成对自己的行为后果负责的习惯。许多家长非常重视孩子的智力和身体发育，而对孩子责任感的培养并不重视，从一定程度上就助长了孩子做事不负责。可以让孩子看看自己错误行为的后果，对于产生的后果，如果在孩子的能力范围内，让他自己解决；如果他无法独自处理，比如不小心把小朋友打伤了，就让他和小朋友一起去医院，让他目睹治疗的全过程，让他清楚知道，自己的行为给别人带来的严重后果。

孩子在幼儿园课堂上到处乱跑，怎样教孩子遵守规则？

孩子上幼儿园了，但是在幼儿园里不遵守规则，在课堂上乱跑，根本无法安安静静坐一会儿，该怎么办？

答

幼儿园的管理秩序相对小学要宽松很多，再加上很多家长和幼儿园老师忽略了对孩子进行学习习惯的培养，就造成孩子在上课过程中有小动作，以及注意力不集中、老走神。面对这些情况，家长要引导孩子建立秩序感，让他在生活中尽可能遵守规则和秩序。如吃饭时要坐在餐桌旁的椅子上，玩具、书籍等要放在固定的位置，坐公交、地铁时注意排队等待。有了规则和秩序感，会让孩子逐渐适应被约束的生活。

Part 3

智力开发

打开通往成功大门的快速通道

敲黑板了

高效育儿重点看

心理学家本杰明·布鲁姆，曾建立了一种思考模型，并将思考方式分为知识、理解、应用、分析、综合、评价六个方向。通过对这个模型的学习，可以刺激孩子的探索欲和思考力。

启智，不是学得越多、启蒙时间越早越好，孩子的启智要适时、适度，过度启智会扼杀孩子的创造力，伤害孩子的自尊心、自信心，还会影响孩子对学习的兴趣，得不偿失。

孩子语言能力越丰富，其智力发展也越快。阅读就像一把万能钥匙，能打开孩子的求知之门，培养其语言能力、想象力、思维能力、自信心等。

在 3~6 岁这个阶段，玩耍是孩子最重要的“工作”。通过玩耍，可以增强孩子对事物的认知，增强其注意力和记忆力等。

3~6 岁，智力发育加速期

一出生，孩子的大脑就在飞速发育着。2 岁前大脑发育达到第一个高峰，但 2 岁之前的大脑发育高峰可能不太容易把握。因为很多父母初为人父人母，在抚育孩子的过程中往往手忙脚乱，很容易错过第一个开发孩子大脑的好机会。而且在这个时期，父母与孩子的互动效果也不及 3~6 岁那么好，因此，父母应当把握好 3~6 岁这个阶段，着力开发孩子的智力。

打好营养基础

孩子的智力发育离不开强健的大脑，想要把握孩子智力开发的黄金期，父母就要特别注意孩子的饮食，让他摄入均衡而丰富的营养，只有打好了营养基础，孩子的身体才会健康，也才能保证大脑的正常发育。

选对益智玩具

想要让孩子的大脑得到更好的发育，除了打好营养基础，还要注重大脑的开发。对于孩子来说，玩玩具就是开发大脑的极佳方法。可以根据孩子的年龄特点和性格特点，给他提供合适的益智玩具，让他在游戏中开发大脑。

坚持适当运动

运动不仅能锻炼身体，还有助于拓宽孩子的社交圈。通过适当的运动，可以加速血液循环，增加脑部供氧量，促进大脑发育。运动，特别是集体性质的运动，将有助于提升孩子的协作精神和坚毅品质。

一表看懂 3~6 岁儿童智力发育特点

空间感知能力	3 岁能够辨上下，4 岁能够辨前后，5 ~ 6 岁能以自己为中心辨别左右方位，能区分颜色的色度	
语言能力	词汇量	学会连贯地表达自己的思想，其语音逐渐正确，词汇逐渐丰富。4 岁可掌握 600 ~ 2000 个词，5 岁可掌握 2200 ~ 3000 个词，6 岁可掌握 3000 ~ 4000 个词
	语法	从 3 岁到 6 岁，词汇量增加了近 3 倍，词类渐次增多，语法复杂化，已出现大量的复合句
	口语表达能力	口语表达能力迅速提高，讲话逐渐变得连贯、流畅，内部语言（即思考时用的言语，它不是用来跟别人交流的，而是对自己发出的言语）开始萌芽，往往一边做游戏，一边自言自语
思维能力	形象思维是借助于事物的形象和表象来实现对事物的概括性认识，其特点是离不开具体事物和形象。3 岁以后，儿童开始利用头脑中的形象进行思考，如学计算时，用具体的物体形象（实物或图形）能较好地掌握数的实际意义	
记忆力	这个阶段的记忆是形象记忆，对具体的、形象的东西比较注意，也容易记忆。在游戏中或者通过讲故事的方式能促进其记忆的深化，而单跟他们讲抽象的道理是不容易记牢的	
想象力	这个阶段儿童逐渐能按要求进行想象，其想象表现出一定的目的性和有意性，但有意想象还只是初步发展阶段	
注意力	此时儿童的无意注意已有高度发展，而且相当稳定，有意注意处于逐步形成的阶段。其注意的稳定性差，容易分散，注意范围较小，一般只注意事物外部较鲜明的特征和动作	
观察力	其观察力缺乏随意性、独立性、细致性，持续性和稳定性较差，易受无关刺激的干扰而转移观察的目标，其观察的概括性也较差	

解读孩子行为

谨慎处理孩子的“搞破坏”行为

孩子行为

沐沐 5 岁半了，最喜欢的玩具就是枪，长枪、短枪、冲锋枪、狙击枪、手枪，应有尽有，爸爸妈妈还专门给他腾出了一个武器库。可是最近沐沐似乎不爱他的那些枪了，妈妈几次看到沐沐把枪摔在地上。

解读

很多孩子在这个年龄段都会有意或者无意地“搞破坏”。有的是出于对玩具内部结构的好奇，想打开来一探究竟，而这个阶段的孩子对玩具的打开方式并没有概念，所以就会出现家长眼里的“搞破坏”；有的纯粹是想发泄自己内心的不良情绪。

家长首先要弄清孩子摔枪的原因，他是因为好奇而把枪摔了，还是因为有情绪没办法发泄，而拿破坏玩具来发泄自己的情绪，还是单纯的因为不喜欢而摔玩具。

靠谱做法

孩子的搞破坏行为是比较常见的现象，家长理性对待即可。当孩子出现搞破坏行为时，可以参考以下做法：

- 和孩子一起探索：不要制止孩子探索、拆卸玩具的行为，但可以引导他们用更好的方式满足自己的好奇心。比如提供给孩子螺丝刀等可以拆卸的工具，和孩子一起探索，并鼓励孩子拆完后再把玩具安装好。
- 可以通过观察、询问的方式了解孩子的真实情绪和需求。找出孩子闹情绪的真正原因，进行情感疏导，告诉孩子摔东西是不对的，把自己的想法讲出来，比摔东西更有助于问题的解决。
- 收藏旧玩具。家长可以把孩子现在不感兴趣、丢在一旁的玩具收藏起来。过些时候，这些玩具就会像老朋友那样再次受到孩子的欢迎。

为什么犹太人更容易获得诺贝尔奖

自从1985年诺贝尔奖设立以来，犹太人将22.5%的诺贝尔奖收入囊中。截至2017年，犹太人在902位诺贝尔奖得主中占有203席。犹太人在经济、科学、艺术等领域也取得了辉煌的成就。犹太民族曾饱受世界上最深重的灾难，经历了长期的民族迫害，背井离乡，颠沛流离。但是，犹太人独特而富有智慧的家庭教育观使这个民族浴火重生，享誉世界。

贯穿在生活中的家庭教育起了重要作用

犹太人很重视文化传承，也有自己独特的法律戒律，犹太人在生活中严格执行这些教规教义，并将这些传授给自己的孩子。犹太家庭很重视孩子的教育，父母会教孩子读和写，学习各种语言，学习数学和逻辑，学会与人沟通交流。

尊重智慧，重视对智慧和才能的培养

“假如有一天家里失火了，你会带什么逃走？”

“有一种宝贝，既没有颜色也没有气味，却是世界上独一无二的，不会被偷走的宝贝，是什么东西？”

“要带走的不是金银财宝，而是智慧。智慧是世界上任何人也偷不走的宝贝。”

据说几乎每一个犹太孩子都会被问到这些问题，都会被告知智慧的重要性。在犹太人颠沛流离的生活中，智慧带来的变化和益处让他们坚信智慧比任何金银财宝都更有价值。父母也会通过提问，引导孩子独立思考，深入思辨，获得智慧和才能。

爱读书的民族

据说在犹太家庭，孩子刚出生，母亲就会滴一滴蜂蜜在《圣经》上，让孩子去亲吻书上的蜂蜜，然后告诉孩子，书本是甜的。犹太人是世界上阅读最多的民族，几乎每个家庭都有书架，并且都放在床头，表示对知识的尊重。犹太人正是通过大量阅读，吸取前人智慧。

犹太人不只是死读书，他们还有一个有趣的比喻，把那些只有知识而没有才能的人比作“背着书本的驴子”。他们鼓励在读书中思考，在思考中质疑，在质疑中创新。这样才是真的会读书。

换一种方式思考问题

众所周知，犹太人是“高智商”的代名词，他们除了拥有不断获取知识的态度，还拥有发散的思维。《塔木德》是犹太教的一部重要典籍，里边有句名言是:“开锁不能总用钥匙，解决问题不能总靠常规方法。”这也是犹太父母经常教育子女的话，他们更重视锻炼孩子的思维模式。遇到问题从多个角度思考，而不仅仅看问题本身或表面。就像有人落水，常规的思维模式是“救人离水”，在中国耳熟能详的故事“司马光砸缸”中，小小年纪的司马光面对落水的同伴，选择了砸缸，这样的思维便是逆向的、发散的。

怀疑是开启智慧大门的钥匙，知道越多就越容易生疑，而问题也就随之增加。因此犹太家庭里，在孩子放学回家后，第一句话就是“你又提问题了吗”。犹太人特别注重孩子提问题，长者也总会问孩子问题，并引导孩子自己提问题，自己找出答案。犹太父母从不教育子女只接受某一种事物。这也是犹太人获得更多诺贝尔奖的原因之一。

启发式提问，激发孩子的探索欲

“天为什么那么蓝？”“海为什么那么大？”“蚂蚁为什么那么渺小？”……启发式提问是家长抓住孩子思维模式形成关键时期，并且掌握培养孩子思考力的好方法。很多家长都知道，对孩子提问会激发孩子的想象力，让他们对事物具有深刻的理解，或对自己的行为有更深刻的认识。那么家长该如何进行启发式提问呢？

利用布鲁姆认知目标六层次，进行启发式提问

这是美国著名心理学家布鲁姆建立的认知模型，他将认知分成了六个层次，其中知识是第一层次，往上依次是理解、应用、分析、综合、评价。

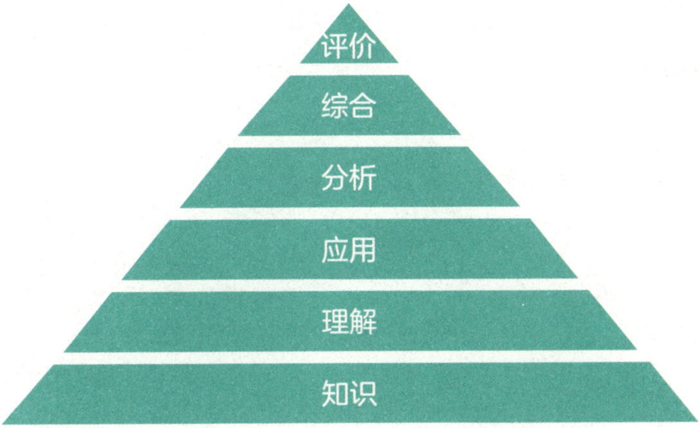

孩子的思维力发展都是从底层开始的，只有掌握了这个层面的能力后才能上升到新的层面，然后逐步提升一直到最高层。那么家长该如何提问，引导孩子思考问题，是孩子的思维力能否从最底层逐步上升到最顶层的关键。

以《卖火柴的小女孩》的故事为例进行分析：

第1层 知识

在这个层面，孩子通过记忆可以获取基本信息，并复述出书里提到的基本信息，可以回答一些关于书里人或者物体的基本问题。

父母可以这样提问：

卖火柴的小女孩穿的是什么鞋？

故事里讲的这一天是什么节日？

Tips

注意提问关键点是“谁”“哪里”“什么”“多少”“什么时候”“怎样”等这些澄清信息内容的问题。

第2层 理解

在这个层面，孩子能够理解故事的含义及事情发生的先后顺序，可以用自己的语言非常简单地说出故事的梗概。

父母可以这样提问：

为什么小女孩要去街上卖火柴呢？

她为什么穿着一双大拖鞋呢？

Tips

注意提问关键点是复述主要观点，“为什么”“为什么有区别”等，需要在理解的基础上进行回答的问题。

第3层 应用

在这个层面上孩子有能力进行初步的融会贯通，即可以把其他场合中学到的知识跟这个故事中学到的知识联系起来。

父母可以这样提问：

如果她的奶奶还在的话，会发生什么样的事情？

小女孩很冷，她可以用什么方法取暖？

Tips

注意提问关键点是“有什么其他情况”“如果……可以有……方式”。这个层面的提问精髓在于启发孩子把其他场合中学到的知识运用到当下的故事中，起到举一反三的效果。

第4层 分析

这个层面的提问应该鼓励孩子多动脑筋，充分收集证据来支撑自己的观点。

父母可以这样提问：

如果你是那个卖火柴的小女孩，你会怎么做？

你从这个故事中发现了（学到了）什么？

Tips

注意提问关键点是“你的观点有什么不同”或“你从中发现了什么”。

这个层面的提问给孩子提供了不同的场景，鼓励其跳出故事情节，挑选出重要的信息来得出自己的结论。

第5层 综合

在这个层面，孩子会对自己得出的结论进行综合分析，或者维护自己得出的结论。

父母可以这样提问：

你觉得小男孩踢走小女孩的鞋对吗？

Tips

提问关键点是“你认为是对的还是错的”，当孩子给出一个答案后，父母可以这样追问“为什么你觉得是对的（或者是不对的）”，也可以问孩子“这个故事的整个过程是否有不合理的地方？是否出现了前后矛盾的情况？”

第6层 评价

在这个层面，需要鼓励孩子发挥自己的判断力和创造力，或者基于现在的故事情节对故事进行“二次创作”。可以要求孩子根据现有的信息进行评价，发表自己的看法，或者完全改编整个故事情节。

父母可以这样提问：

你会对小女孩有哪些建议？

你可以怎么帮助小女孩？

学会了这个模型分析，再和孩子一起读故事时，就会有目的地进行提问，引导孩子思考。下面，就和孩子一起拿出绘本，试一试吧！

Tips

提出问题的关键点是要有发散性思维，不再拘泥于故事本身，而是让孩子自己想象，自己评价。“小姑娘的结局一定是这样的吗？有没有其他的可能？你想讲一个什么样的故事？”

启智：请适度，过犹不及

“过犹不及”“揠苗助长”，这些都是先人们留给我们的宝贵教育哲学。可是随着社会的快速发展，以及人们不断追求卓越的价值观，使“不能输在起跑线上”成为家长们的座右铭。在不断强调减压的教育政策下，越来越多的早教机构相继涌现，可面对犹如碎钞机一样的补习班，是否真的有助于孩子开拓思维、强化大脑呢？从长远角度来看是否真的有益呢？

过度启智，当心“助跑”变“障碍”

• 过度启智，扼杀创造力，损伤自尊心

孩子的认知和各项能力的发展具有阶段性，且个体差异很大，家长应根据孩子的发育特点进行启智。学龄前强行填鸭式教育，不仅孩子的能力和意志力得不到提高，还会破坏其创造力，损伤其自尊心。

• 过度启智，毁掉孩子的兴趣

从幼儿园起，家长就给孩子报各种兴趣班，试想一下，哪一个才是孩子的真正兴趣所在呢？一个“随大流”的孩子，怎么能拥有自己的创造力，怎么能有自主性呢？因此，家长需保持清醒的头脑，从孩子的兴趣爱好出发，有针对性地进行培养。视孩子自身情况量力而行，而不是多多益善。

• 过度教育，导致学习障碍

过分强调早期教育和特长教育，剥夺了孩子的学习兴趣和快乐，使孩子丧失好奇心和求知欲。而学习兴趣是推动孩子从事各种学习活动的内驱力，丧失了兴趣的学习，会变成一种痛苦的体验，久而久之，孩子便对学习产生抵触和抗拒心理。这也是当今许多孩子厌学、恐学和学习困难的主要原因。

启智，请适度

启智，请尊崇孩子的自然生长规律

孩子有着自己的发展脚步和独特的学习方式。比如，孩子最早学习颜色，可能并不是从识字卡上认识“红”这个字开始，而是从妈妈给的红苹果，或者从自己身上穿着的红衣服开始的。孩子的逻辑思维能力首先是通过实体物品（具象化）建立的，之后他们才能慢慢地了解我们通过语言描述的抽象逻辑。因此，在我们看来是孩子的玩闹，其实都是他们学习的过程。而且，这样的学习方式是孩子在课堂上学习不到的。

拥抱自然，崇尚自然养育

生命源于自然，回归自然才能感受到最真实的世界。当孩子在大自然中观察春夏秋冬四季更替，当孩子蒙上眼睛听到山林中的鸟鸣与潺潺流水，当孩子闻到雨后泥土中青草的味道，当孩子面朝大海听海浪拍击海岸的声音，当孩子学会如何保护自然、保护自己，你会发现他们对未知世界的向往以及前所未有的求知欲、探索欲。

允许孩子慢点长大

教育家、哲学家卢梭说过：“大自然希望儿童在成人之前就要像儿童的样子，如果我们打破这个秩序，就会造成一些早熟的果实。既不丰满也不甜美，而且很快就会腐烂。”许多父母在孩子的成长过程中充当催化剂，一直不断地催熟孩子，使其失去了原有的稚嫩。

中国家长总喜欢比较，特别是拿自己的孩子和别人家的孩子进行比较。别人家的孩子会什么，我们也要会，别人家的孩子学了什么，我们也要学。殊不知就是在这种不断的比较中，逐渐催熟孩子。我们要放慢脚步，跟随孩子的脚步，慢慢来，别着急。

阅读：重要的益智手段

语言能力是大脑高级功能的体现，一般而言，语言越丰富，其智力发展也就越快，尤其是在思维力上。因为只有大脑想到了，才能说出来，而通过说，又能锻炼思维力。

3~6 岁是亲子阅读黄金期，千万不要低估孩子的智慧和能力，抓住孩子阅读的关键期，不仅能增进亲子关系，也有助于孩子心智开发。

阅读是一把万能钥匙

现在，越来越多的家长已经认识到了阅读的重要性，阅读可以增长见识、开阔视野、开启心智。

培养学习兴趣

尽快让孩子喜爱阅读，一旦孩子爱上阅读便欲罢不能，他们会不停地阅读，越读越多，越读越好。

增强语言能力

喜欢阅读的孩子语言表达能力特别强，在听、说、读、写等方面较不爱阅读的孩子表现更出色。

培养想象力

书中的世界广阔无垠，充满想象、好奇与机遇。爱阅读的孩子总是拥有无限想象力和创意。

培养独立思考能力

阅读可培养批判性思考能力，书中复杂的论证及情节，孩子都能边读边吸收，边分析边理解。阅读让孩子具有独立思考的能力。

培养自信心

阅读使孩子涉猎广泛，增广见闻。孩子掌握了这些知识，会有更宽广的视野，与小朋友交往时会表现得更自信。

引导阅读 3 要素：兴趣、交流、适合

很多妈妈头疼，自己已经很有意识地引导孩子阅读了，可是孩子就是不听，每次一起读故事的时候，他都东张西望，没到两分钟，就会跑到一边玩别的玩具。

有些家长疑惑学龄前儿童连字都不识几个，能进行阅读吗？有些家长开始重视早期阅读，却因为方法不对或者选书失误，导致孩子对阅读兴趣缺缺；有些家长盲目投入金钱，却吝啬投入时间，在阅读引导上也不得其法。究竟怎样有效引导孩子阅读呢？

1 以兴趣为抓手进行阅读

读图是幼儿获得阅读能力的重要方式，绘本图画多、文字少，最适合亲子共读和幼儿自己阅读。从图画中提取信息、猜测故事的发展方向、梳理故事的逻辑、发展语言表达能力，都是在为孩子识字、进行文字阅读做准备。优秀绘本集艺术性、文学性、哲学性于一体，还能培养孩子的艺术审美、观察力、想象力。此外，各种有趣的立体书、玩具书以及各种各样的益智游戏读物，也是令这个年龄段的孩子脑洞大开的好材料。

好爸爸微课堂

亲子共读是和孩子建立亲密依恋关系的重要方式。爸爸们可以和孩子一起选择孩子感兴趣的书籍，陪他们读绘本，锻炼其阅读能力。在温馨、亲密的氛围中，用阅读的方式促进孩子认知、智能、语言的发展，同时建立牢不可摧的亲子关系。

2 和孩子读书，交流很重要

同样是读书，有的家长能够在阅读过程中和孩子一起分享书外知识，孩子自然也就懂得多。前面我们讲过运用启发式提问向孩子提问题，引发孩子的深层思考。对于有一定阅读基础的孩子，家长不妨用启发式提问的方式，和孩子一起体验阅读的魅力。

3 选择适合的绘本进行亲子共读

很多家长可能只知道绘本很流行，但不知道为什么一定要读绘本。优秀的绘本一般由心理学家、作家、画家为某一特定的主题共同创作完成，带有一定的功能性。绘本故事短小精悍，语言风趣活泼，画面直观形象，符合这个阶段孩子的思维特点，更容易激发其阅读兴趣。

1 功能角度

好的绘本会围绕一个主题，有些是让孩子体悟亲情，有些是激发孩子的想象力，有些则让孩子养成良好的习惯。想让孩子某一方面得到改善，就可以挑选具有相应功能的绘本。比如孩子不爱刷牙，就可以选择关于牙齿的绘本；孩子如果怕黑，就可以选择帮孩子克服黑暗恐惧的绘本。

2 孩子兴趣

每个孩子的兴趣爱好都不尽相同，同样是科普绘本，有的孩子喜欢动物的，有的喜欢植物的，有的喜欢天文的，有的可能对地理更感兴趣。因此从孩子兴趣角度选择绘本，孩子会更喜欢。

3 难易程度

同一年龄段的孩子由于接触绘本的时间有早有晚，个体的认知存在差异，会导致孩子对绘本阅读接受程度不一样，家长应根据孩子自身情况由简入难，由浅入深。

编辑推荐

在给孩子讲睡前故事时，不要把这个权力让给早教机构，也不要让给故事机，如果不是迫不得已，一定要自己讲故事。因为这是建立良好亲密关系的极佳方式，最好每个故事都经过精挑细选，因为每个故事都会给孩子幼小的心灵植入一个新的概念和世界观。

选故事要选温暖的、柔情的、有情节的，例如“青蛙弗洛格系列”“斯凯瑞金色童书系列”“神奇校车系列”，还可以辅助一些国学绘本，如《二十四节气 给孩子的节令健康绘本》等。

解读孩子行为
让孩子从小爱上阅读

孩子行为

轩轩已经 3 岁了，妈妈了解到阅读对于孩子的重要性后，给轩轩买了很多书。可是当妈妈和轩轩一起读故事的时候，轩轩总是东张西望，没两分钟就跑开了，妈妈要不断地叫他，他才肯回来。

解读

好的教育方式和育儿方法都不是一蹴而就的，一种好的习惯也不是一日养成的。首先，对于孩子不配合的行为，家长不要急于求成，应该有耐心。很可能不是你的孩子不够配合，只是你的方法不正确。其次，对于刚开始阅读的孩子，年龄普遍较小，注意力难以长时间集中。这时家长需要挑选一本孩子特别感兴趣的书，比如孩子特别喜欢汽车，那么家长就可以选择汽车主题的绘本，这样孩子慢慢就会爱上阅读了。请永远牢记：兴趣是最好的老师。

靠谱做法

很多家长都希望孩子能够爱上阅读，可是自己摸不清孩子的喜好，那究竟怎么给孩子选书呢？以下几条建议供参考：

- 选书要符合孩子的年龄：中国儿童文学研究中心主任王全根曾经说过一句话："儿童阅读，有个黄金定律，就是什么样的年龄读什么样的书。"
- 选书要符合孩子的性格：比如淘气包，就给他选择一本讲淘气包的故事书，孩子就能从故事中看到自己，更容易走进书中的世界。
- 逐渐扩大孩子的阅读视野：在引导孩子阅读的过程中，可以把不同种类的书都给孩子看，逐渐扩大视野。
- 选书在于精而不在于多：有的家长为了让孩子爱上阅读，培养良好的阅读习惯，就一次性买回十几二十本绘本，强塞给孩子看，这种做法是不可取的。

值得一提的是，有很多孩子会反反复复看一本或两本书，即使他们的书架上放满了书。此时请尊重孩子的选择，他们正是通过这种重复性阅读获得乐趣、习得本领。

世界育儿公开课
助你缓解养育焦虑

培养一个感觉敏锐的孩子

1949 年，加拿大心理学家赫布进行了一个著名的“感觉剥夺”实验。将受试者放到一个特制的屋子里，在这个房子里，没有光、声音、气味等，四肢也被包上东西，以限制感觉，也就是受试者在这个房间接受不到任何刺激。除了吃饭和大小便，受试者一天都要躺在舒服的床上，要待整整 4 天。

四天后，受试者动作变得不协调了，甚至连智能活动也出现了问题。比如，让受试者将一个小棍插进一个洞里，不能碰到洞壁，一些受试者屡屡碰壁，这在原来是很轻松就能完成的。这个实验说明，当感觉活动被剥夺后，智能活动也会出现障碍。

美国和中国都曾经对一些智能超常的天才儿童进行研究和跟踪，发现这些孩子都有良好的感知觉、观察力以及强烈的好奇心。

怎样培养一个感觉敏锐的孩子呢？可以通过丰富的环境刺激来帮助孩子，逐渐从无意感知向有意感知转化。

从小就从视觉、听觉、嗅觉、触觉等方面提供丰富的条件刺激。

多带孩子旅游，多去植物园和动物园，新鲜的环境带给孩子的刺激是全方位的，孩子在开心玩的同时，大脑也感受各种各样丰富多彩的刺激。还可以引导孩子记下动植物的名字、形状、色彩、气味，引导孩子从无意感知转向有意感知。

认知能力：由浅入深，由表及里

认知，简而言之就是获得信息并运用信息的过程，记忆力、想象力、思维力都属于认知能力的范畴。可以说认知能力发展的好坏，决定了孩子今后是不是聪敏、灵活，是不是有创造力。了解孩子认知发展的过程，就能明白怎样提高孩子的智力，如何进行早教，什么时候开始培养他的兴趣特长等问题。

3~6 岁儿童认知能力发展特点

• 获得认知功能

词语、数字、图形、符号等都是孩子可以用的认知符号，比如刚上幼儿园的孩子，看到冰激凌海报或者关于冰激凌的广告，没有任何提示，就会让他想起冰激凌的感觉和味道，这就是孩子认知事物的方式——形象思维。儿童的思维可以摆脱对具体物品的依赖，凭记忆和想象就能感受以前见过的、听过的、感受过的东西，并对其进行思维加工。

• 具备分类能力

分类的能力意味着孩子开始对周围的人和事物进行总结。不同的颜色、大小都会在他们的头脑里进行区分。3~6 岁是孩子是非观形成的重要时期，因此，给孩子树立正确的价值观，培养良好的家风也十分重要。

• 领悟因果关系

这个阶段的儿童已经逐渐明白事情之间有因果关系。家长可以给孩子提供一些常见的因果关系句式，然后利用一些事件进行发问。比如，吃东西前不洗手会生病，当孩子理解这一因果关系后，家长可以问孩子：“吃东西前不洗手会有怎样的后果呢？”

数字概念的发展

这个阶段的孩子已经能够理解数字的概念了，一般到了 5 岁，绝大部分儿童数数都会数到 50 以上，有的还可以进行 10 以内的加减法运算。

3~6 岁儿童认知能力发展具有局限性

家长不但要了解孩子的阶段性发展能力，也要清楚孩子发展的局限性，才能更好地了解孩子的发展特点，不做出过分要求。

自我为中心

这个阶段的儿童只关注情景的某一方面而忽略其他方面，他们不能同时考虑几个方面，所以很难同时考虑多人的感受，这需要家长去引导。

思维不可逆性

如果这个时候，把相同质量的水分别倒进一个又圆又矮的杯子和一个又高又瘦的杯子，问孩子哪个杯子里的水多，大多数孩子都会答错，他们还不会反向推理。

所有物品都是有生命的

在 3~6 岁阶段，很多家长会发现孩子会拿着一个玩具自言自语，有的拿玩具时轻拿轻放，很怕会弄疼玩具，因为在很多孩子心里，认为玩具也是有生命的。

加强家庭教育，培养孩子认知能力

多和孩子进行身体接触

频繁的身体接触能够有效刺激孩子的大脑，并且建立一个爱的反馈。

多陪伴、勤指导、耐心交流

这里的“交流”，不仅仅是被动回答孩子的问题，还要求与孩子积极互动。

鼓励探索，积极评价

不要怕孩子犯错，家长把孩子的犯错看成一件正常的事情，尤其不要嘲笑孩子。当他们取得成就，哪怕仅仅是自己穿好了鞋子，也要适当给予鼓励。因为对孩子而言，掌握每一个小技能，都是他们生命中意义非凡的里程碑。

世界育儿公开课
助你缓解养育焦虑

具有民族特色的俄罗斯教育

俄罗斯的学前教育不仅注重儿童认知、情感、社会性和个性等全面发展，而且推崇民族文化思想对幼儿的影响，注重幼儿民族认同感的培养。

特色1 把自然环境作为教材

在俄罗斯，幼儿园的所有教学活动，如绘画、音乐、诗歌等，大多是以季节为主线展开的。而且俄罗斯的幼儿园每天都会安排固定的户外活动，让孩子更亲近大自然。

特色2 充分利用本土文化进行教育

在俄罗斯，为了培养孩子的民族认同感，幼儿园会把介绍城市的建筑、雕塑、河流、交通、历史等书籍摆放在书架显眼的位置。老师也常用这些素材作为教学内容，让孩子对自己的城市有所了解。

特色3 从小培养孩子的艺术素养

俄罗斯学前教育非常注意孩子艺术素养的培养。不仅朗诵诗歌、学习民族舞蹈，还会学习制作民族特色的手工艺品。幼儿园会开展绘画、手工、黏土雕塑等活动，不仅培养了孩子欣赏、绘画和动手能力，还让孩子更加热爱自己的民族文化。

逻辑思维能力：高智商的标签

蒙台梭利关于孩子能力培养“机会窗口”的研究指出，逻辑思维的敏感期在孩子 3~4 岁时就会出现，这个时候孩子的特点是爱不断追问“为什么”——“天为什么会黑”“为什么会下雨”“妈妈为什么要上班 ”“我为什么要上幼儿园”……他们急切地想要了解这个世界的逻辑规律以及事物之间的因果关系。那么，家长该如何培养孩子的逻辑思维能力呢？

逻辑思维强，有哪些表现

思维敏捷性

通过学习课堂教授的例题，很快能抓住问题的实质。

思维创造性

对知识点有自己独到的见解，善于联想和发散思考。

思维批判性

能辩证地分析问题，及时调整和修改思路。

思维灵活性

善于变换思路，能从不同角度思考和解决问题。

思维深刻性

能全面细致地考虑并解决难度较大的问题。

“问题＋描述”，有效提升逻辑思维能力

● 抓住孩子的好奇心，积极解答孩子的“为什么”

思维是从问题的提出开始的，经常面对问题，大脑就会积极活动。当孩子提各种问题的时候，家长要和孩子一起讨论，解释这些问题，家长的积极互动对孩子影响很大。告诉孩子，如果遇到了弄不懂的问题，可以通过请教他人、查阅资料、反复思考获得答案，这个过程能极大地提高孩子的逻辑思维能力。

Tips

要注意的是，家长不要拘泥于某一个固定的答案，而是要鼓励孩子探索多种答案，这正是对孩子发散性思维的锻炼。

● 家长主动问孩子“为什么”，通过猜想打开思路

想象力是智力活动的翅膀，为思维的飞跃提供强劲的推动力。因此，要善于鼓励孩子提出各种问题，让孩子通过猜想打开思路。平时家长可以提出适合孩子难度且需要想象的问题，虽然孩子的回答可能千奇百怪，结果会大大出乎意料，但不要因此而嘲笑孩子，也不要急于给他们答案，而是要留给他们独立思考的空间。

● 利用启发式提问，引导孩子独立思考

有的孩子遇到问题，家长就迫不及待把答案告诉孩子。这样虽然解决了问题，对孩子的智力发展并没有好处。高明的家长应该启发孩子主动思考，让他们通过自己的认知、分析和经验寻找答案和解决办法。家长更应该做的是默默关注，适时指导。

● 有中心、有顺序、有重点地描述问题

平时注意让孩子解答或者叙述一个问题时分清主次。比如，妈妈带着轩轩给外婆送水果，在送完水果后还跟外婆家的小邻居玩了一会儿。送水果就是主要事件，和小朋友玩就是次要事件。

注重时间顺序，幼儿的时间观念很模糊，让孩子从小掌握一些表达时间的词语，理解其含义，对孩子来说非常必要。当孩子真正清楚了“在……之前”“立即”“……后”等词语的含义后，他们对时间也就有了一个基本的概念。

平时可以注重训练孩子的时间逻辑，比如早上、中午、晚上，先和后，昨天、今天、明天等。家长平时注意培养孩子的语言表述，对孩子的逻辑思维能力也有促进作用。

世界育儿公开课
助你缓解养育焦虑

重视游戏，游戏=学习

世界各国的儿童心理学家都很重视游戏在儿童发展过程中的重要作用。虽然没有任何证据能够说明某些特定的教育计划、方法或技术对大脑的发育是有效的，却有证据清楚地表明，游戏促进了儿童许多领域的发展。根据调查研究的证据，我们可以得到一个等式：游戏 = 学习。但是，随着电子产品的大量出现，太多的儿童没有获得足够自由的、自发的、主动的户外游戏。这种情况不仅发生在中国，在其他国家也都有，所有的家长都应有意识地给孩子创造“积极游戏”的条件。

皮亚杰认为，学龄前儿童的表演游戏包含了秩序的特征、对现实的准确模仿、游戏角色的综合象征。儿童在游戏过程中完成生活中的演练学习，以及模拟现实不可能实现的各种结果，来满足自己的愿望，学习控制自己的欲望和情绪。

在适当的年龄阶段给孩子们提供积木、珠子、沙、水、简单的工具、锅碗瓢盆、洋娃娃、毛绒玩具、装扮的衣服等，不需要太多的玩具，不需要家长过多无意义的谈话和干扰，只要提供足够的时间、安全的场地和材料，孩子们也能尽情探索。

观察力：不观察，无启智

观察是智慧的眼睛，是认识新事物的重要途径。观察力对于一个人来说是非常重要的。敏锐的观察力可以使我们避免受表面现象的迷惑，看到事物的本质和变化的趋势。观察力，可以使一个人变得更加睿智、严谨，发现许多他人发现不了的东西。

培养观察力的 3 要素

1 带有目的去观察

无目的地观察是不会有收获的，常常是视而不见、充耳不闻，既浪费时间又浪费精力。要想培养孩子的观察力，家长平时可以有针对性地进行引导。比如，引导孩子看看不同树的叶子的形状、颜色、大小等，比较同一种树的叶子一年四季有什么变化。

小到花草树木，大到日月星辰，都可以成为孩子的观察对象。家长可以带孩子去海洋馆、动物园、公园、植物园等，让孩子观察花草树木的颜色、形状，动物的肢体语言、表情，近距离观察蔬菜瓜果的生长情况等。

Tips

如果孩子特别喜欢涂鸦，可以引导孩子把画中的内容讲述出来。孩子在画画过程中感受到了快乐，并充分展示了良好的观察力和想象力。如果再让他用语言将画里的内容表述出来，会极大地发展其语言表达能力和逻辑思维能力。

2 掌握方法，深度观察

目的只是启发孩子进行观察的第一步，掌握方法对培养孩子的观察力事半功倍。

有序性

观察事物要有一定的顺序性，比如从左至右、从上到下等，这样也可以提高孩子的逻辑性。

抓重点

观察时应抓住主要的、关键的特征，进行仔细、反复的观察；对其他特征，一般观察即可。这样的观察既省时又省力。

有对比

这种观察法是指对观察对象进行比较，达到认识事物的特征和特性。比如可以对两个或两个以上的事物进行比较，找出其共性与差异。

全面性

观察时要对事物的各种特征逐一进行观察。观察的事物还要注意要有一定的数量，只有这样才能防止观察中的片面性。

3 学会总结

当孩子观察完后，可引导他进行尝试性总结，这也是锻炼孩子逻辑思维能力和记忆力等综合能力的一种方法。

解读孩子行为
培养观察力，为孩子的探索铺就成长之路

孩子行为

楠楠是个 6 岁的小男孩，暑假的一天，爷爷带着楠楠到农田里摘黄瓜，爷爷给他逮了一只蝈蝈，楠楠开心极了。由于是第一次见到蝈蝈，楠楠一个劲地问爷爷："蝈蝈为什么叫个不停呀？它的嗓子不会哑吗？蝈蝈吃什么呀？蝈蝈会拉臭臭吗？"面对孙子的提问，爷爷也答不上来："爷爷也不知道呀？我们来一起找答案吧！"为了弄清楚答案，楠楠在地上趴了半天，忽然拍着小手叫道："爷爷，爷爷，蝈蝈叫的时候，嘴巴不动，它是靠翅膀振动发出的声音。"

解读

首先，爷爷的做法非常正确，没有直接给出答案，而是让楠楠去观察。鼓励孩子探索观察得出答案，要比直接给出答案要印象深刻得多。

孩子在不断寻找答案的过程中，不断体验到成就感，自信也慢慢建立起来。这也是激发孩子学习兴趣的源泉。

楠楠通过自己的观察和认真思考得到的知识印象会非常深刻，而这样的思维也会让孩子逐渐应用到其他地方，对孩子的认知以及其他能力的提高都会有帮助。

靠谱做法

- 具有目的性的观察：想锻炼孩子的观察力，家长可以在孩子观察前和观察中提出问题，让孩子有目的地进行观察。
- 培养观察兴趣，激发孩子的求知欲。有的孩子对植物很感兴趣，就可以引导孩子对植物进行成长记录，从播种、发芽、发育到成熟，并给予指导。这样做可以培养孩子的观察兴趣，也可以让孩子有持久观察力。
- 观察现象，探求本质。观察力是思维的触角，要培养孩子的观察力，就要善于把观察的任务具体化，比如提问"你看看这个树叶是什么形状的，是什么颜色的""为什么一棵树上的叶子颜色会不一样呢"，等等。

注意力：兴趣是注意力的源泉

学龄前的儿童身心发育还不成熟，他们的注意力还处于发展阶段，兴趣是保持专注的首要条件。很多家长会发现，当孩子对一件事情或者游戏感兴趣时，他们专注的时间更长，因此，家长应该把孩子的兴趣与培养专注力结合起来。兴趣是注意力的源泉，培养孩子的间接兴趣，并努力把间接兴趣转化为直接兴趣，是培养孩子注意力的好方法之一。

培养注意力，重点是不打扰

有一项来自美国心理与脑科学专家的研究。一群家长和他们的孩子被邀请到实验室玩耍。

第一轮，研究者任由家长陪孩子玩耍，然后根据家长与孩子互动的情况，分成三组：

第一组，家长第一时间与孩子一起玩玩具。

第二组，家长在一旁静静陪伴，当孩子需要帮助，家长才及时回应和指导。

第三组，家长在一旁发呆或关注其他事情，从头至尾跟孩子没有任何互动。

结果第三组的孩子很快败阵，他们一开始因好奇而被玩具短暂地吸引了，但没多久就失去了兴趣，不玩了。

第二轮实验中，剩下第二组和第三组，研究者让家长的目光短暂离开。

结果第一组孩子开始纷纷转移注意力，因为他们立即意识到爸爸妈妈没陪他们玩，他们不干了。

第二组孩子的专注力最好，即使他们发现父母的目光离开了，仍旧能安静地玩上一会儿。这大概是因为他们知道，爸爸妈妈在关注着自己，只要他们需要，爸爸妈妈就能帮助他们。

所以，陪伴的最好方式——我在你身边，关注你，却不打扰你。

在游戏中培养注意力

在孩子的成长过程中，父母经常为孩子不能集中注意力而烦恼。对儿童来说，他们的注意力在一定程度上直接受其兴趣和情绪的控制。因此，孩子在全神贯注地玩游戏时，就是培养其注意力的好时机。

● 穿珠游戏

准备各种颜色的小木珠十几颗和两根细绳。如果此时孩子已能准确认出红、黄、绿等颜色，还可把各种颜色的木珠分开，按一定的规律将同颜色的两颗或三颗穿在一起。妈妈先穿好一串颜色间隔开的珠子，让孩子模仿。穿珠游戏可以锻炼孩子的注意力和手眼协调性。

● 找娃娃游戏

准备几个不同的娃娃和一个盒子。家长扮演木偶对孩子发出指令："请把绿色的青蛙装进盒子里""把黄色的小鸭放进盒子里"。孩子放好后，请他把娃娃找出来，找的时候一次只找一个，这样孩子就需要调动自己的注意力。这个游戏孩子和家长也可以互换角色来玩，以提高孩子的积极性。找娃娃游戏可以锻炼孩子的听觉注意力、视觉注意力和动作注意力。

● 限制看电视的时间

孩子们常被电视屏幕上色彩斑斓的广告以及丰富有趣的动画节目所吸引。但是如果长时间、近距离看电视，会使眼肌处于高度紧张状态而引起视疲劳，久而久之，易导致视力减退。看电视会使孩子沉浸在虚拟世界里，与同龄人社交的机会越来越少，诱发社交恐惧，严重影响孩子的社交能力。

长时间看电视还会影响大脑的运转方式。看电视是一种被动活动，孩子大脑很少有或者根本没有重要的思考。看电视的过程不需要思考，也没有思考的想象空间，无法锻炼孩子的注意力，反而让孩子的注意力逐渐下降。

解读孩子行为

培养注意力，不打扰也是一种方法

孩子行为

多多是一个4岁的男孩，平时喜欢搭积木。一天，多多在玩积木时玩得很投入，他一会儿搭个机器人，一会儿搭个坦克，很开心。在一旁的外婆觉得孩子玩的时间太长了，该吃水果了，也该喝水了，就叫多多去吃水果、喝水。叫了两遍，多多没有回应，外婆便把水果端过去，结果一不小心碰倒了多多的坦克，多多很愤怒，随手把积木打乱一地，结束了积木游戏。

解读

这个阶段的孩子有时因为正在做自己喜欢的事，而对外界的打招呼或者召唤没有反应，这是一种正常的现象。家长可以尝试着不打扰，虽然多多玩了较长时间，但是他中间是有间歇的。外婆的好心，在这里对多多产生了负面影响，对多多来说造成了干扰。所以家长不要“宝贝儿，吃点水果”“宝贝儿，你渴了吧”，这样的行为会分散孩子的注意力。

靠谱做法

- 不随意打扰：环境对孩子的注意力有明显的影响作用，如果孩子正在做某件事情，突然被其他声音或色彩打扰，极易分散其注意力，所以最好消除干扰，尤其是在孩子专注地玩游戏时。
- 在孩子需要的时候给予帮助：家长需要做的是让孩子自己玩，如果孩子有需要，他会寻求你的帮助，这时再帮助孩子。这样做既能让他有安全感，又能培养其注意力。
- 切忌同时给孩子一次性提供太多书或玩具：太多的玩具会降低孩子对每个玩具的持久关注度与热爱度，也会导致孩子不爱惜玩具。
- 给孩子感兴趣的东西：兴趣是培养注意力的重要途径，孩子对自己感兴趣的书、玩具会更加专注，且注意力时间会相应延长。

世界育儿公开课
助你缓解养育焦虑

3~6岁注意力发展及父母对策

美国的儿科护士海伦·福勒内维尔曾在她的著作中详细介绍了 0~6 岁儿童的注意力时间。这里列出 3~6 岁儿童的注意力时间，以供参考。

年龄	幼儿的注意力维持	父母的对策
3 岁	对于有趣而简单的活动，可以玩 3~8 分钟	父母可以想方设法延长孩子已经开始感兴趣的活动，也可以随孩子的兴趣和他们一起玩
3 岁半	可以独立玩 15 分钟	
4 岁	注意力时间一般为 7~8 分钟，对于特别感兴趣的，注意力集中时间可达 15 分钟	4 岁的孩子对自己不感兴趣的活动很难集中注意力，而且也容易因为外部的噪声而分心；如果孩子觉得某项活动做起来很顺手，那么他们就更能对该项活动保持兴趣
4 岁半	对于父母分配的一般性任务，孩子可以独立完成任务	
5 岁	大多数 5 岁的孩子不会因为轻微的干扰而分散注意力。对于感兴趣的单一活动，他们的注意力可以达到 10~15 分钟	父母应该认识到个人兴趣是 5 岁孩子集中注意力最重要的动力。孩子的专注时间可以因为他们的兴趣而加倍
6 岁	6 岁孩子独自玩感兴趣的游戏时，专注力可长达 30 分钟	父母可以继续巩固孩子的兴趣，如果孩子碰到困难，可以适当给予帮助

记忆力：提高记忆力，打造最强大脑

记忆力是识记、保持、再认识和重现客观事物所反映的内容和经验的能力。记忆力是一切学习的基础，所以好记性对于孩子的重要性不言而喻。

3~6 岁儿童记忆力特点

3~6 岁这个阶段的主要特点为记忆容量日益增大，短时记忆广度接近成人，对直观形象的事物记忆要优于抽象事物，对图形记忆要优于词语。有些家长会说自己的孩子记忆力不好，别人家的孩子背诵古诗都能背几十首，自己的孩子只会那么两首，真着急。怎么才能提高孩子的记忆力呢？家长首先应该了解这个阶段孩子的记忆力特点。

• 由具象思维向形象思维转变

比如，妈妈带着孩子去商场给外婆买衣服，在此过程中，他们来到了游乐园，并且玩了一会儿，他十分开心。当妈妈问孩子是什么时候去的商场，去的什么商场，他可能记不得。但是他会记得自己在游乐园玩了一款很新奇的玩具。孩子的眼里总有自己认为重要的。时间是抽象的，商场的名字对于孩子来说也是抽象的，但是玩具对于他来说是具象的，而且是自己感兴趣的，自然就记住了。

• 无意识记忆为主导

无意识记忆，是说这个阶段的孩子无意识时听到的、感受到的、看到的内容，是他们容易记住的。那种需要努力才能记得的，他们会比较抗拒。所以这也是很多家长苦恼的，越是正经八百让孩子背古诗，孩子越是记不住。但是他们在玩的时候，看电视的时候，听到一句台词或者广告词，他们可能一下就记住了。

有意记忆很短暂

6 岁前的孩子，有意记忆都比较短暂，他们很容易忘记几周前所做的事情，比如有的孩子换了幼儿园，几个月后他就会把原来幼儿园的好朋友忘得一干二净，但是对个别好朋友会记忆时间长一些。为什么会这样呢？这是因为这个阶段的孩子临时储存信息的功能几乎和成人一样，但是他们的长时记忆的存储在大脑中占很小的比例，想要他们把学到的东西长时间存储在大脑中很难。

增强记忆力的方法

当父母了解到孩子的记忆力特点，可以帮他们“更好地记忆”。

独特的事情孩子更容易记住

美国儿童记忆专家凯瑟琳·尼尔森说：“孩子只能记住那些印象深刻的事件。”也就是说这件事情必须有特点而不是平淡无奇的，这样孩子更容易记住。如果想让孩子记住英文字母，那就应该用更大、颜色更鲜艳或者更新奇的方式。比如用身体模拟字母的形状，孩子就更容易记住。

亲身参与、感受、互动，记忆更深刻

对于学龄前的孩子，他们必须亲自参与，才能记忆更深刻。比如要想让孩子记住动物，不要光看图片，带孩子去动物园看看一个个活的动物，他们会认识得更快。同理，让孩子学语言，跟真人学习要比视频学习效果更好。

精细谈话风格更容易唤起孩子的记忆力

“精细谈话风格”，通俗来讲就是让孩子做选择题，而不是填空题。比如说：“宝贝，你还记得我们上次是怎么去海洋馆的吗？”如果孩子答不出，你可能会继续提示：“我们是坐什么车去的呀？”这就是重复性的谈话风格，可以理解为填空题。而如果换成“我们是开车去的、骑自行车去的还是坐地铁去的？”这就是精细谈话风格，这样的谈话更利于唤起孩子当时的记忆。

解读孩子行为

轻松的环境让孩子记忆力更好

孩子行为

莎莎 4 岁了，妈妈给她报了英语课外班，和她一起的还有瞳瞳。但妈妈发现，两个孩子同时学的英语，瞳瞳会的比莎莎多很多。于是怀疑孩子是不是记忆力不好。

解读

很多家长都会抱怨自己的孩子学习不好。记忆力不仅是智力的重要组成部分，也是孩子在未来学习中的重要能力，然而十个孩子当中有七八个孩子存在记忆力不佳的问题。但是家长也不要焦虑，记忆力是可以锻炼出来的。若想提高孩子的记忆力，家长可以利用游戏，并结合前面我们讲的方法，有针对性地提高孩子的记忆力。

靠谱做法

3~6 岁孩子记忆力的容量比较小，对孩子的要求不要太苛刻，越是以轻松随意的方式去学习，孩子的记忆力越好。尤其是父母参与其中，比他们自己玩或者在早教机构更容易学到东西。这也是我们对于增强孩子的记忆力提出的措施都是针对家长的原因。3~6 岁这个阶段，正是大脑神经快速发育的黄金时期，经过适当的刺激，孩子的大脑神经突触会快速发展。

- 带孩子走进大自然，认识花草树木，感受鸟语花香。带孩子多旅游也能促进其大脑发育。
- 适当运动，让孩子在汗水和友情中得到灌溉。
- 多进行亲子阅读，让孩子听绘本故事，并通过提问，引导孩子回忆故事细节。
- 多让孩子猜谜语，讲脑筋急转弯，让孩子多用脑。
- 在日常生活中，让孩子回忆一些事情，比如早饭吃的什么，去公园看到了什么，今天发生了什么有意思的事情，通过这些回忆增强孩子的记忆力。

创造力：想象力是创造力的翅膀

爱因斯坦曾经说过："想象力比知识更重要，因为知识是有限的，而想象力概括着世界上的一切，推动着进步，并且是知识进化的源泉。"的确，想象力是智力发展的体现，是创造力的翅膀，是好奇心向创造力的延伸，人类正是通过想象才冲破一次次界限，创造出这样一个美好的世界，而且这个世界也将因想象更加美好。

想象力丰富，孩子更易于创新

想象力属于人所特有的高级认知过程，想象力是人将头脑中已有的客观事物形象重新组合成某种事物新形象的过程。而幼儿期是想象力发展的重要时期，幼儿想象力的特点是：主要以无意想象为主，内容简单、结构单一，一般都是自己生活的翻版，记忆的成分多、想象的成分少，并且想象和行动相结合受情景的影响。因此我们应该从生活中的方方面面来引导和培养幼儿的想象力，并通过游戏、教具、故事等来锻炼幼儿的想象力。

• 通过游戏培养想象力

通过游戏，孩子会学到很多知识，对其想象力的培养也起着意想不到的效果。如在游戏"开火车"中，孩子把小凳子当成小火车，骑在小凳子上，嘴里唱着："嘟嘟……一列火车长又长，运粮运煤忙又忙，钻山洞、过大桥。呜——到站了。"在这个游戏中，孩子把自己想象成了一名列车员，通过模仿和角色扮演，有效地培养了想象力。

• 玩具，在幼儿想象力培养中的作用不可忽视

所有孩子的玩具筐里都有积木，看似简单的积木，在孩子手中却能变换出各种各样的造型：停车场、高楼、学校等，这些都是孩子通过现实在头脑中的想象摆出来的。通过摆弄积木不仅可以培养其想象力和创造力，还可以促进其动手操作能力和观察力。

• 通过讲述故事、欣赏文学作品培养幼儿想象力

讲故事也是一种极好的锻炼孩子想象力的方法。很多家长会反映："一个故事讲了八百回了，他还让我讲，我都讲烦了，他还没听烦。我要是稍有疏忽讲错了一个词，他就会说'错了，错了！'让他自己讲，他又不肯。"其实这正是幼儿想象力发展的又一特点：是以想象过程为满足的。大人讲一遍，他就会在脑子里把故事过一遍，仅仅有个结果是不能满足孩子的想象需要的。针对这种情况，我们可以在每次讲故事时留一点点空让孩子自己去填，慢慢地，他们会记住更多故事情节。家长也可以不讲结尾，让孩子自己想象一个结局。

• 创设情境，为幼儿提供想象的环境

在实际生活中，家长应指导孩子去感知客观世界，让他们去听、看、想，通过观察、思考积累知识和经验，增加想象的素材。例如，可以带孩子到户外看看美丽的花朵，摸摸大树，观察小动物等，有意识地引导他们观察周围环境都发生了哪些变化。

因此，家长平时要做的就是创设情境，为孩子提供想象的空间，激发其好奇心，丰富其感性认知，尊重其天性和心理特点，让他们敢于想象、乐于想象。

好爸爸微课堂

提出一个问题往往比解决一个问题更重要，因为解决问题也许仅仅是一个教学上或实验上的技能而已。而提出新的问题，从新的角度去看旧的问题，都需要有创造性的想象。深度提问，可以激发孩子的想象力，让孩子的创造力在想象中萌芽。

世界育儿公开课

助你缓解养育焦虑

会玩耍的孩子创造力更强

有研究表明，在全球富裕的发达国家中，荷兰孩子的幸福度最高，这和这个国家的物质财富、健康安全、行为风险、教育等方面息息相关。特别是荷兰的教育，为孩子的幸福之路铺就了一条快速通道。

在荷兰，孩子们的童年是在无拘无束的玩耍中度过的，极少有学业压力。荷兰孩子很自信，能和家人保持重要联结，能和朋友建立忠诚的友谊。荷兰的学龄前儿童，只玩耍不识字。父母认为，这个时候其心智发展还没有为读写做好准备，所以孩子开始学习的时间一般都比较晚，学习也更慢些，但是到了二年级时，他们都能够进行读写和算数。

也有研究证明，孩子在早期享有非结构化游戏（自由发挥类游戏，比如艺术音乐游戏、乔装打扮类、游乐园探索类等）的时间越多，他们的大脑获得自然发展的时间就越多。因而过早进行常规书本教育，对孩子来说未必是件好事。

虽然荷兰的学校里没有激烈的竞争，却在创意、创新和创业等方面取得了非凡的成就，涌现了许多知名的艺术家、设计师和建筑师。

专 • 题

通过玩具、电子产品高效能启智

现在的孩子两三岁就能熟练地操作手机、平板电脑，他们或是会玩各种游戏，或是看动画片。我们当年学习时用到的复读机和电子词典也早已升级换代为各种线上教学。电子设备逐渐走进孩子的学习生活，父母对此褒贬不一。作为父母，我们该如何管控，如何利用电子产品帮助孩子启智呢？

● 电子产品是一把双刃剑，要合理使用

电子产品时代，网络无异于一本百科全书，通过语言、图画、视频和模拟场景，把孩子带入一个神奇的世界，使孩子了解到人类的起源、科技的发展。美国最新的一项研究发现：学龄前儿童每周接触 3~4 次电脑，会促进他们学前能力及认知能力的发展。

但儿童使用电子产品容易上瘾，引发亲子矛盾。而使用电子产品，确实会导致孩子对电子产品产生依赖，减少对现实世界的沟通，对其未来人际关系的建立产生不良影响。

绘本、实物玩具是静态的、沉默的，电子产品是动态的、有声的，它们不断变化的场景和声音更能吸引孩子的注意力。但导致孩子对电子产品上瘾的根本原因，是父母缺乏规则意识、缺乏正确引导、缺乏有效的亲子陪伴。

“电子产品对孩子产生的作用弊大于利”，这个“锅”电子产品不背。其实只要正确使用，把握好度，正向引导孩子，就可以避免孩子对电子产品上瘾。

怎样谨慎有效地使用电子产品

电子产品的普及和流行，至少说明电脑、手机、平板电子设置等在共享资源、扩大知识面上有着独到的优势，且将孩子完全隔离在电脑等电子产品之外，也不现实。因此，父母最重要的是懂得怎样让孩子合理地接触这些电子产品。

控制好使用时间

对于控制孩子看电视、看电脑的时间，是最让家长头疼的，也是家长最迫切想解决的问题。家长可以提前跟孩子讲好规则，比如每天看 60 分钟，每次看 15~20 分钟。他们可以看一集动画片，玩一局对对碰，结束后要关掉电视机或拿走手机。记住，态度一定要坚决。当然，如果一集动画片是 22 分钟，也不能硬性地在孩子看了 20 分钟时关掉，可以等他们看完，然后友好地请他们离开。

选择适当的节目

现在网络上呈现的内容五花八门，当然也不乏暴力以及其他不适合孩子看的节目。家长要有选择地给孩子找故事情节好、孩子能理解的节目。制作精良的动画片、有助于启智的游戏和思维训练课，都是非常适合孩子的。

和阅读、生活等联系起来

比如孩子最近喜欢撒谎，在看《大头儿子和小头爸爸》动画片时，大头儿子犯了错误，也跟爸爸撒了谎，自己意识到了错误，向爸爸道歉，并答应以后不会这样了。那么家长就可以利用孩子刚看过的动画片，问孩子："大头儿子的行为对不对？ 撒谎后大头儿子的感受是怎样的？大头儿子是怎么改正的？"以此引导孩子慢慢改正撒谎的坏毛病。

问答直播间

网络热点难题解答

孩子说话吐字不清楚，这种现象正常吗？需要纠正吗？

儿子快5岁了，可是说话时很多字发音都不准确，经常把“牛奶”说成“流奶”，但也不是完全不分平翘舌，需要特意纠正吗？

答

正常情况下，4~5岁儿童的发音器官基本完善，在正确的指导下，经过反复练习，都能正确发音。但也有少数儿童对个别难发的音或者某些形似的音感到发音困难，这也是正常现象。家长可以在平时日常交流中有针对性地对孩子进行发音训练，给孩子做正确的发音示范，慢慢这种情况会好转。

大班的小朋友大多都会写字了，我家孩子握笔还不会，正常吗？

孩子已经上幼儿园大班了，同班的小朋友能写很多简单的数字和简单的汉字，而我家的孩子还什么也不会，甚至连拿笔都拿不好，该怎么办？

答

每个孩子都会按照自己的节奏成长，有早发育的，也有晚发育的。小朋友都能掌握的，并不代表自己的孩子也一定能掌握。如果孩子的能力发展没问题，但是家长并没有对他进行过训练，也会导致孩子不会。另外，孩子可能出于一种闹情绪的心理，在最开始你教他写字或者拿笔的时候，方法不是很正确，导致孩子产生抗拒心理。

孩子上幼儿园总爱生病，对孩子的智商有影响吗？

孩子刚上幼儿园不久，第一个月送去幼儿园感觉还挺好的，但是到第二个月就开始反复生病，这次的病还没好，紧接着又生病了，这样反复生病会不会影响孩子的智商呀？

答

孩子刚开始上幼儿园，因为脱离了家庭环境，进入集体生活，幼儿园小朋友多，相互之间容易交叉感染，出现生病现象也很正常。孩子生病大多还是因为自身免疫力低下，这就需要父母平时注意给孩子补足营养。另外，孩子病没好之前，不要着急送回幼儿园。孩子反复生病也是一个免疫力不断提高的过程，父母也不要过于担心，短期的生病不会对智商造成太大影响。

孩子总是上蹿下跳，会不会是多动症？

孩子简直就是个“小魔王”，在家里总是上蹿下跳的。在学校也是，老师也反映孩子不太遵守纪律，坐不住，坐几分钟就要跑两圈，我怀疑他是不是得了多动症，该怎么办？

答

你说的多动症应该是“注意缺陷与多动障碍”，是一种慢性的神经系统疾病，如果得了此病，孩子注意力很难集中。在家中要注意观察孩子，如果真的是注意力不集中表现明显，应该带孩子去正规医院做相关检查，不要妄自给孩子贴标签。这个阶段的孩子，活泼好动是很正常的。平时让孩子少看电视、手机，多读书；以孩子兴趣为中心，一起陪他玩一些能够集中注意力的游戏，都有助于提高其注意力。

Part 4

能力培养

抓住关键期，注重个性化

敲黑板了

高效育儿重点看

孩子能力发展有共性和个性，掌握好孩子共性发展特点，就会知道孩子的哪些行为是正常的，是发展到一定阶段可能会出现的，对于这样的问题家长可进行合理引导。而对于孩子的个性发展，家长应抓住其特点，有针对性地培养。

家长往往对孩子的期望过高或者评价不当，这些都不利于孩子的能力发展。只有合理地评价孩子，拥有平常心，孩子才会表现得更出色。

孩子的能力虽有共性特点，但每个孩子都是独一无二的，每个孩子都有自己的能力特长。有的孩子运动能力突出，有的孩子审美能力优越，有的孩子天生擅长社交。家长要做的就是，帮助孩子扬长补短，合理引导，不强求、不逼迫，在实践中为孩子创造可以提高能力的机会。

了解孩子的共性和个性，进行针对性培养

生长发育正常是健康的重要标志，这种发育是有一定规律的，既是连续的，又有阶段性，即在不同年龄段有着不同的发育标志。我们可以通过观察、分析这些标志，了解孩子身心发展是否在正常范围内。但由于它受多种因素（遗传、环境、教育等）的影响，又有明显的个体差异，比如，3 岁孩子有的立定跳远能跳 70 厘米，有的只能跳 50 厘米；有的孩子 6 岁数数还数不到 50，有的则能完成 10 以内的加减法。家长只有了解孩子的共性和个性发育，才能对其进行准确评估和有针对性的培养。

3~6 岁孩子的发育共性特点

3~4岁	大动作发育	• 能交替迈步上下楼梯 • 能倒着走，原地蹦跳 • 能短时间单脚站立
	精细动作发育	• 能画横线、竖线、圆圈 • 能用勺子、筷子等餐具独立进餐
	语言能力	• 能用简短的话表达自己的愿望和要求 • 问越来越多的问题，如为什么、是什么等 • 能简单地讲述看到的或发生的事情 • 能记住家人的姓名、住址、电话号码等
	认知能力	• 认识圆形、三角形、正方形等基本图形 • 至少能识别红、黄、蓝、绿等几种基本颜色 • 能将吃的、穿的、用的物品进行分类
	社交能力	• 能与他人友好相处，懂得一些规则，但常常不能坚持 • 能参加一些小组游戏或活动 • 会表达愤怒、喜欢等基本的情感 • 非常爱护自己的玩具，有时会有侵略性，例如抢回玩具，藏玩具

年龄	能力	表现
4~5岁	大动作发育	• 能熟练地单脚跳 • 能沿着一条直线行走 • 能轻松地起跑跳、越过障碍物
	精细动作发育	• 能正确地握笔，画出简单的图形和人物 • 能穿较小的珠子
	语言能力	• 能读懂并说出简单图画的意思 • 能回答“谁”“为什么”“多少”等问题 • 能比较清楚地表达自己的意愿
	认知能力	• 认识 10 以内的数 • 能按照物体的形状、颜色等特征进行分类，并进行有规律的排列 • 喜欢听有情节的故事，喜欢猜谜语
	社交能力	• 能努力控制自己的情绪，但有时会因自己做事情没做好而发脾气 • 喜欢与小伙伴玩，开始有最好的朋友 • 喜欢大人的表扬，因自己做事情表现好而感到骄傲
5~6岁	大动作发育	• 学习交替双脚跳 • 会翻跟头 • 能熟练地骑自行车
	精细动作发育	• 能用笔画很多形状，会写简单的汉字 • 能用各种图形的材料拼图
	语言能力	• 能边看图画，边讲熟悉的故事 • 能正确地传达简短的口信，能接电话
	认知能力	• 能把各种各样的物品进行分类，能按从短到长、从小到大等顺序为物品进行排序 • 数数能数 20 以上，很多孩子能数到 100 • 能把时间和日常生活联系起来 • 能辨识钱币
	社交能力	• 喜欢伙伴，正常会有一两个好朋友 • 能与小朋友分享玩具，一起玩，轮流玩 • 爱参加团体游戏活动 • 情感丰富、关心他人，尤其比自己小的孩子 • 有更强的自我约束能力，情绪大起大落的情况有所减少

能力培养要懂得“扬长补短”

3~6 岁这个阶段各方面的可塑性都很强，并且优势与爱好并不是“固定”的。他们常常会由于外界的一个小要素而做出相应变化，比如以前喜欢的过些时日或许就不喜欢了，以前的短板也许成为将来的优势。家长要学会观察孩子的能力发展，帮助其扬长补短。

● 扬长：尊重孩子兴趣爱好特点

依照孩子先天特质以及表现出的优势和爱好特点顺势引导。虽为父母，但也未必能充分了解自己的孩子，毕竟父母上岗没有标准也没有证书，所以尊重孩子的兴趣爱好，能避免强制孩子学习，造成长处得不到发挥，爱好被压制。

● 补短：为孩子提供锻炼加强的机会

补短，即是对孩子一些暂时不拿手或不擅长的进行培养。在“补短”时，有一个原则必须遵守——提供机会，逐渐引导，但不逼迫。

一味“补短”，会让孩子在一次又一次失败中遭受挫折，从而丧失自信心。

好爸爸微课堂

相较于母亲的培养，父亲对孩子的培养更注重个性（母亲培养更偏重于智力）。父亲教育孩子的目标会更明确，孩子受到父亲的激励会更自信，意志力也会更强，更容易形成坚毅的品格。爸爸们，请多腾出一些时间，好好陪伴孩子吧！

对孩子不要有不恰当的期待

孩子在不同年龄段会出现一些共性行为，但并不代表这些行为所有孩子都会有。因此家长不必为此忧心忡忡，持有一份合理的心理预期，即使孩子的行为达不到你希望的高度，也不要感到太过焦虑与不安。

不要过度评价自己的孩子

在父母眼中，自己的孩子都是独一无二的，即便孩子各方面表现平平，父母也会觉得孩子在某一方面是“天才”。据研究显示，超常儿童的比例只有1% ~ 3%，而希望孩子超常的家长的比例则远远超过这个数字。“孩子是自己的好，老公是别人的好”。

还有一种现象，就是对孩子漠不关心，什么都无所谓，平时总爱打击孩子，一味否定孩子的努力和付出，这会使孩子变成一个自卑、懦弱或具有攻击性和抵触情绪的孩子。

好爸爸微课堂

中国历来有“严父慈母”之说，母亲在家里照顾孩子更多，对待孩子更温和，而父亲对孩子总是严格要求，在家庭中经常扮演那个唱黑脸的人。甚至很多爸爸习惯于对孩子进行打击式教育，老是盯着不足和缺点，打击和否定孩子。这种“恨铁不成钢”的教育方式会让孩子对爸爸产生畏惧心理，不利于建立良好的亲子关系，并且容易自我否定。因此，提醒爸爸，要多鼓励孩子，肯定孩子的优点和长处，孩子建立了自信心，才会正视自己的优点，也会直面自己的不足，努力成为更好的自己。

不恰当的期待会给孩子带来负面影响

• 过高的期待给孩子带来更多的压力

家长对孩子的期待越高，孩子就会严格要求自己以达到父母的要求。当无法达到家长要求时，孩子的压力骤增，要么逼自己，要么产生逆反心理。

• 过高的期待可能会导致孩子自卑

当家长对孩子抱有的期待过高时，孩子一旦无法达成，就会让他们体验更多的失败和挫折。如果孩子的失败体验过多，会对自己产生“我不行”“我无法成功”的自我认知，他们无法接纳自我，进而严重挫伤其自尊心和自信心。

• 过高的期待可能会使孩子丧失主见

如果家长对孩子的期望过高，把自己的愿望全部施加在孩子身上，很可能会使孩子丧失自己的想法，而完全按照家长的期待来规划自己的人生。孩子很可能习惯于压抑自己的需求，为父母而活，逐渐失去主见，丧失人生目标。

拥有平常心，孩子更出色

家长应该清楚了解自己的孩子属于哪一个“阵营”，这对孩子非常重要。如果把孩子当超常儿童来养，犯错误的概率是97%；把孩子当普通儿童来养，犯错误的概率只有3%。家长拥有一颗平常心，对孩子的教育就会更现实一些，也有利于培养孩子的各种能力。

运动能力：四肢发达，头脑才更聪明

为什么有的孩子成绩好，人缘也好？为什么有的孩子虽然贪玩，也很会念书？事实证明，会玩耍、爱运动的孩子更聪明，玩耍和运动有助于孩子的情绪管理，有助于培养孩子勇敢顽强的性格、超越自我的品质、迎接挑战的意志力和承担风险的能力。体育运动能让孩子思维活跃，体验团队精神。儿童运动能力的发展也可以间接反映其智力、情商发展情况。

增强体适能的户外游戏

放风筝	选择一个适合的风筝和宽阔的场地；感受风的方向，等待阵风吹过，逆风方向起飞，边跑边放线；待风筝飞上高空，要注意经常调整方向。在放风筝时孩子要凝视远方，可以很好地缓解眼肌疲劳；跟着风筝的方向疾跑、慢跑，还能锻炼运动能力，增强心肺功能。
骑自行车	可先从有辅助轮的自行车开始练习，学会基本的踩蹬动作。当孩子能够较好掌握踩蹬动作后，及时拆掉辅助轮，这样可以减少孩子对辅助轮的依赖。骑自行车有助于增强身体的平衡性和心肺功能。
球类运动	球类玩法众多，玩球的时候需要跑、跳、投、踢等，能很好地锻炼身体。球类运动多需要团队合作，可提升孩子的团队意识和遵守规则的意识。如果家长陪孩子一起玩，还能促进亲子关系。
攀爬	攀爬类运动能够调动全身各个部位，通过手、脚、眼相互配合促进身体的协调发展。而且，孩子最初的自信就是通过对身体的掌握获得的。在一次次的尝试中，逐渐完成更高难度的挑战，勇气、自信也会随之而来。

增强体适能的室内游戏

小熊爬	孩子趴在地上，用双手双脚支撑起身体，膝盖离地，手脚并用向前爬。此动作能锻炼孩子的四肢力量，还能锻炼其手脚协调性。
匍匐前进	家长可以和孩子比赛匍匐爬行。可别小看这个动作，相当耗费体力。这个动作可以锻炼孩子的四肢协调性及腹肌力量。
不倒翁	孩子在座位上保持良好的坐姿，当孩子坐正后，从一侧推孩子，破坏其平衡性，要求孩子立刻保持原坐姿，推力由轻到重。这个动作可以锻炼孩子的平衡感。
开合跳	身体保持直立，双手垂于身体两侧，自然放松；用力向上跳起，同时双脚向两侧张开，双臂向上垂直于身体，也可以在头顶击掌；落地时，双腿回笼保持直立，双臂垂于身体两侧，如此反复。此动作可以锻炼全身肌肉、身体的灵活性。
S形障碍跑	又叫绕障碍物跑。孩子做好准备，从第一个障碍物右侧绕过，再在第二个障碍物左侧绕过，以此类推。此运动可强健孩子的肌肉，锻炼其平衡性，增强其综合体能。
走平衡木	站在平衡木上，双臂展开，双脚交替向前行走。这个运动需要家长在旁边陪同做好保护，以免孩子不慎摔下受伤。这个运动可锻炼孩子的平衡感，为以后高级的知觉动作打下良好基础。

Tips

在运动前，家长要督促孩子做好热身准备，可以选择一些低强度的有氧运动，如慢跑 5 分钟。整个运动强度应以微微出汗为宜。

解读孩子行为

让孩子爱上运动，拒绝做“药罐子”

孩子行为

安安是个 5 岁男孩，很安静，也很听话，以前妈妈觉得孩子真省心。随着安安的长大，发现安安过于安静，不爱运动，而且最近随着网课的增多，爸爸给他买了平板电脑，希望有助于孩子的学习。可是自从买了平板电脑后，他更不爱运动了。而且最近赶上换季，安安已经感冒了好几次，每次时间都挺长。

解读

孩子身体素质的差异直接体现就是免疫力的强弱。一些孩子一年也生不了几次病，但是有些孩子就是“药罐子”，究其原因，多是不爱运动导致的。孩子不愿意运动，短期内看不出来什么变化，但这种因不运动造成的不良影响往往是难以逆转的。

靠谱做法

- 亲自督促：孩子如果不爱运动，家长可以主动督促孩子，必要的时候可以严厉一点，逼着孩子去运动，带着孩子一起运动。当他们感受到运动的好处之后，就会自觉坚持运动了。
- 循循善诱：家长可以利用孩子喜欢的活动，或者孩子爱玩的事情让孩子爱上运动。比如，孩子喜欢打羽毛球，家长就多陪他打羽毛球。
- 制订计划：家长可以和孩子一起制订运动计划。这个计划一定是切实可行、由简入难的。如果是一个亲子运动计划，彼此监督、促进，更容易坚持下去。

世界育儿公开课
助你缓解养育焦虑

开始运动，从走路上学开始

在日本，鼓励家庭成员每日进行最少60分钟的中等强度的体育锻炼。在每个上学日，日本儿童都会做些使健康受益的事情，他们会从家里走着去学校，再从学校走回家。这一极为简单有效、强度适度的体育锻炼很容易被孩子接受。

日本推行走路上学已有60年历史，目前很多发达国家也在推行走路上学，同时也是为了降低儿童肥胖率。

当然，日本儿童能够每天坚持走路上学和国家的安全体系、良好的社区监管息息相关。

在我国，孩子幼儿园阶段，一般家庭都会选择就近入园，那么带孩子走路上学就是一个较为可行的方法。走路上下学既可以增加大人和孩子的身体活动量，也可以增进亲子亲密性。

审美能力：拥有不一样的眼界

一提到审美能力，很多家长自然而然就想起了“给孩子报绘画班”，然后就把培养孩子的审美能力全权交给了早教机构。绘画的确能培养孩子的审美能力，但审美素养的提高是多方面的。家长都不希望自己的孩子成为“美盲”，那么怎样培养孩子的审美能力，让他们更好地鉴赏美呢？

合理利用大自然的养育，感受自然美

• 将天然色彩作为审美教材

我们的大自然是绚丽多姿的。自然界中，有红玫瑰、黄菊花、粉杜鹃、白水仙，争奇斗艳，媚态百生；生活中，有红色的番茄、绿色的黄瓜、橙色的橘子、紫色的茄子。以自然界提供的各种天然色彩为教材，给孩子讲解颜色的种类特点、相互关系。让孩子在自然环境下感受美，并提高感受自然美的能力。

• 欣赏各种各样的形态美

自然万物，形态各异：巍峨的山，挺拔的松，绚丽的日，皎洁的月，奔腾的江河，咆哮的大海，辽阔的草原，神秘的原始森林。家长要引导孩子去欣赏自然界独具一格的形态美，让他们感觉大自然中的大美。

• 和谐家庭，培养人性美

有的家长会说，我自己就是个“糙人”，怎么培养孩子的审美呢？其实一个和谐的家庭可以让孩子感受到人性美、人情美、人格美，如果能给孩子创造和谐愉快的家庭氛围，也是给孩子创造了美的环境。另外，还可通过观看图画、美术作品和工艺品，参观美术馆、博物馆等，获得美的粗浅知识。

解读孩子行为
通过绘画培养孩子的审美

孩子行为

雯雯3岁了，最近对画画特别感兴趣，妈妈便找来一些图画教雯雯画。刚开始雯雯不会拿笔，妈妈便教雯雯怎么握笔，雯雯想画正方形，妈妈就在旁边教雯雯画正方形。雯雯想画自己和妈妈手拉着手，妈妈就教雯雯画圆圆的头，高高的鼻梁，圆圆的眼睛，雯雯很快就学会了。不过雯雯画了一段时间，妈妈发现雯雯不管给谁画眼睛，都是大大圆圆的。

解读

当孩子学画画时，家长首先应该让孩子自己创作，家长的干预可能会固化孩子的思想。可以试着鼓励孩子通过自己的观察，了解每个人或者每个小动物的眼睛形状。

孩子画画的思路与成人完全不同。成人画画往往把美丑、精准、细致放在第一位，而孩子画画，就和学习走路、说话一样，是探索世界和表达自我的重要手段。他们关注的不是画出的成品美不美、像不像，而是画画的过程，因此，常常在纸上画了一层又一层，有时会把整洁的画面毫不可惜地“破坏”掉。家长不要阻止他们，否则就是干扰他们的游戏过程。

靠谱做法

审美能力的提升是一个循序渐进的过程。开始时，主要是鼓励孩子尽可能多地观察细节、观察色彩，在此基础上让孩子养成自己发现细节与色彩的习惯。当一个人可以用喜欢的方式表达自己所喜爱的内容和情节时，他们的审美也就提高了。

- 6岁前不要教孩子画各种形象，尤其是简笔画；填色画等孩子7岁左右再玩比较好。
- 不要用大人的眼光去评价孩子的画。
- 别怕孩子在画画时把自己弄脏，弄脏才是快乐所在。
- 在孩子的每幅画上标注日期和主题，让孩子体验成长所带来的乐趣。
- 家长自己也要提高自己的审美。家长的审美观对孩子的影响也很大。

社交能力：真诚自信，搭建友谊的桥梁

良好的社交能力能够带给孩子健康、自信和自尊。社交对孩子心理成熟与个性发展意义重大。能适应环境，与人正常交往，是孩子心理健康的基础，也是一个人具备良好的协调能力的表现。对孩子而言，社交会影响其学习和自我意识的形成。家长应告诉孩子，和小朋友交往时要真诚自信，不虚伪、不曲意迎合，不强迫别人，也不委屈自己。

抓住 3 个关键点，培养小小“外交家”

1 陪孩子一起玩

因为这个阶段的孩子的判断力和自控能力还没有发展成熟，需要家长适当引导和管控。家长应该抽出一定时间陪孩子一起玩，并以朋友的身份、平等的态度适当地给予引导。

2 鼓励与他人交往

创造条件，让孩子和同龄小朋友一起玩。在玩的过程中，孩子会无意识地学会让步和放弃，同时也学会了如何维护自己的利益。这种心理品质有利于培养孩子的社会适应能力。

3 玩也要有规矩

让孩子之间自由玩耍，并不等于放纵孩子玩的内容和方法。好动、好奇心强是孩子的天性，但他们同时也缺乏自我保护、识别危险的能力。所以家长应该给予引导。

对于孩子来说，活泼好动是天性。但是所有行为不能破坏环境、伤害他人和自己，这是个大前提。有悖于公共安全、社会公德的行为必须制止，决不能用“孩子还小”当借口。

解读孩子行为 培养积极社交方式

孩子行为

东东今年6岁了，平时很喜欢和小朋友一起玩，不过行为方式有些偏激。当他想玩别人的玩具时，别人不借给他，他就挥动自己的拳头去打小朋友；当自己的玩具被别的小朋友拿去玩，他想要回来时，也是用武力来解决。所以小朋友都不愿和他一起玩了。

解读

东东很明显存在不当行为，家长首先应该想想在家里对东东教育时有没有实施暴力。孩子的模仿能力是很强的，如果家长在平时的教育中常用粗暴的方式训斥孩子，孩子就学会了以同样的方式对待其他小朋友。有的孩子由于长期得不到家长的赞扬和关心，或缺乏自信心、感到自卑时，也容易嫉妒同伴，往往会产生攻击性行为，如撕烂小朋友刚画好的画，踩坏小朋友心爱的玩具等。家长应根据问题产生的具体原因采取不同对策。

靠谱做法

- 温和地问孩子发生了什么：看看孩子是否愿意讨论当下的问题，如果孩子是在不良情绪中，需要先疏导情绪，等孩子想说的时候再引导。
- 倾听孩子，不做论断：找一个安静的地方和孩子交谈，让孩子有足够的时间倾诉。
- 重复孩子的话，表示你对他的理解：运用共情，家长可时不时重复孩子的话，来确认你了解他的想法。
- 让孩子提出解决问题的方法：尊重孩子提出的每一个方法，即使很荒谬，也不要做出评判。并不断引导鼓励，找到最适合的方法。“如果你这么做，可能会导致……，你还愿意这么做吗？”
- 帮助孩子做出行动计划：鼓励孩子选择合适的方案并付诸行动，尽量和孩子讨论在行动过程中可能发生的潜在问题。
- 检查效果：记得问孩子解决办法是否管用。

世界育儿公开课

助你缓解养育焦虑

世界各国如何培养孩子的社交能力

美国

美国的小学文化中特别注重社交。同学之间经常会“约会”，就是相约到别人家里玩，甚至是在别人家里过夜。孩子们互相邀请，约好后再告诉家长，征得家长同意，然后由家长来协调、安排。除此之外还有各种各样的派对，如比萨派对、冰激凌派对等，孩子们通过这样的方式，逐渐培养自己的社交能力。

德国

在德国幼儿园里，不分大中小班，孩子们一起玩耍，相互帮助，相互学习。小班的孩子很关注大班孩子的所作所为，而大班的孩子也很注意自己的榜样形象。班级里上课时安安静静，下课时和谐玩耍，谁也不会欺负谁，因为他们都有自己的伙伴。

日本

日本的幼儿园师生配比大概为三四十个孩子配一个老师，减少了大人的过多干预，孩子的社交能力和解决问题的能力会得到锻炼和提高。幼儿园还专门安排大班和中班的孩子去帮助小班的孩子，比如帮他们穿衣服、叠被子。这些不仅能提高孩子的社交能力，还能让孩子从小就学会关爱他人。

抗挫折能力：千万别让孩子在感觉最糟时放弃

人长期生活在安逸的环境中会变得脆弱，遇到挫折和风险便没有承受能力，只有经历一些困难和挫折，才能使人具有更坚强的意志力和顽强的生存能力。然而现在很多孩子被父母保护着，甚至娇生惯养，就像温室的花朵一样，搬出室外，便经受不住外面的风吹日晒，立刻枯萎。因此，要想孩子将来有所作为，应适度增强其抗挫折能力，让他们在遇到挫折的关键时刻学会不轻易放弃，并进行自我修复。

掌握 6 点，提高抗挫折能力

1 不要阻断孩子的情绪反应

允许孩子有情绪上的反应，不要阻断他体验这个情绪过程，认同孩子在遇到挫折时情绪低落是正常的现象。情绪低落想办法调整才是关键，在孩子愿意交流时听听孩子的感受和看法，避免发表主观意见和给出解决方案。有时候立即给出解决方案，孩子会觉得自己很没用，因为他觉得这事在家长这怎么就这么容易。

2 不强迫孩子做超出能力太多的事情

成功的快乐是一种巨大的鼓舞力量，成功的积极体验会增强孩子的学习动力，激发他们再次尝试的欲望。因此家长应帮助孩子获得逐步提高自我的能力。由于孩子的知识、经验和能力是有限的，有的事情他们经过努力能做到，有的事情就算怎么努力也做不到，在这个时候，不要强迫孩子去完成，适当帮他们一把，让他们体验什么是成功。

3 学会表达和倾诉，增强自我修复能力

孩子在与他人相处的过程中，难免会遭受一些打击，当孩子遇到这些打击时，只要家长不投射自己的焦虑和不安，信任孩子自身的应对能力，那么孩子内在的智慧就会指引他们进行自发性的自我修复。他们会通过倾诉、画画、游戏（角色扮演、枪战等）、编故事等来进行自我修复。

4 别给孩子“我不能”的心理暗示

很多时候，家长出于爱孩子的心理，总喜欢包揽孩子的事情。当孩子拿起刷子去刷鞋，家长担心他会弄得满地水，会打湿自己的衣服，经常会说：“宝贝，放那吧，一会儿妈妈来刷。”当孩子帮忙收拾碗筷，家长又会说：“小心，别把碗打碎了，妈妈来收拾。”

其实孩子的成长速度是惊人的，每一分钟都会有变化，家长过多地干涉孩子的生活，总是认为他还小，什么都不懂，等大一点才行，久而久之就会使孩子认为“我不行”。所以家长应多为孩子提供锻炼的机会，对其进行适当的指导及鼓励，帮助他们完成目标，这也是培养孩子自信心的好方法之一。

5 不要替孩子做决定

家长不要怕孩子遇到挫折而为孩子决定一切，家长是一个“引路人”，而不是“决策者”。给孩子提意见，一起想办法，做孩子的后盾，把最终的决定权交给孩子。即使孩子选择了错误的方式，他们也会从错误中吸取经验和教训。

6 鼓励孩子尝试挫折、犯错

家长应改变一般的社会认知，告诉孩子挫折和犯错是人生的重要积累，而不是失败和无能的象征。通过挫折可以培养孩子勇于克服困难的自信心，最后让孩子自己接纳自己所经历的挫折。

解读孩子行为 提高抗挫折能力

孩子行为

琪琪快 5 岁了，之前在幼儿园好好的，可最近几天总是哭闹着不愿意去幼儿园。问她为什么，她才说出来："前几天老师批评我了，我不愿意去幼儿园。"说着说着就哭了出来。妈妈很无奈，觉得孩子承受力太差，"一点批评都承受不住，以后可怎么办"。

解读

妈妈可以先了解一下事情的经过，如果真的是在幼儿园受了委屈，可以和老师沟通，一起做琪琪的思想工作；如果是琪琪过于敏感，那么就可以从提高孩子的抗挫折能力入手。

琪琪的情况想必大多数妈妈都经历过，现在的孩子普遍心理承受能力差，面对批评时会觉得特别委屈，受不得一点批评。家长应该在平时的生活中注意培养孩子的抗挫折能力。

靠谱做法

- 提高孩子的认知：通过和孩子聊天沟通，逐步改变孩子对于批评的认知，比如说："被批评不代表大家讨厌你。谁能保证自己不被批评呢？你看爸爸妈妈平时工作不到位也会受到批评。老师批评你只是觉得你可以做得更好，还可以改进。"如果孩子能对受批评有一个合理的认知，就不会那么难过了。
- 注意批评的态度：许多家长过于严苛，孩子出点错儿就上纲上线。家长批评孩子时表情、语气、态度过于严肃，会让孩子觉得被批评是个很严重的事情，时间久了，就会对批评反应过度。当其他人批评他时，也会习惯性的反应过度。家长平时应减少对孩子的批评。批评孩子时，要保持态度平和、就事论事。

情商培养：孩子获得幸福的关键

情商主要反映一个人感受、理解、运用、表达、控制和调节自己情感的能力，以及处理自己与他人之间情感关系的能力。高情商的人能够包容和建设性地处理诸如悲伤、愤怒和恐惧等情绪。他们能很好地接纳自己，同情他人。高情商的人更容易解决冲突，减少压力，拥有良好的社会关系。

高情商培养，沟通力是关键

营造良好的家庭环境

环境对情商的培养十分重要，家长可以营造一个良好的生活环境，让孩子在其中耳濡目染，培养和训练自己的情商。

需要运用有效的沟通

我们在之前已经讲过，和孩子沟通，可以通过情感疏导和共情对孩子进行引导。经常和孩子用这种方式沟通互动，孩子的思维模式就会发生变化，他们会慢慢掌握共情的方式，更有效地表达自己，理解他人。这就是情商的内化过程。

学会倾听

人际交往成功的一个重要因素就是学会倾听。教导孩子当别人讲话的时候细心听、用心听，这不仅是对说话者的礼貌与尊重，对培养孩子自己的沟通能力和人际交往能力也很有帮助。

解读孩子行为
情绪本没有好坏之分

孩子行为

昭昭是个4岁的小男孩，生活在一个五口之家，平时爸爸妈妈上班，爷爷奶奶照顾他。一天下午，他不小心把自己的奥特曼玩具摔坏了，非常伤心，坐在地上大哭，这时爸爸妈妈回来了。妈妈看到昭昭坐地上大哭，就追问他为什么，可是，昭昭正在伤心，根本就不想跟妈妈说话，哭得更厉害了。这时，爸爸走过来抱起昭昭，拍了拍他的背，在家里走了几圈，还向昭昭做了一个鬼脸，昭昭马上就破涕为笑了。

解读

情绪一般分为积极情绪、消极情绪，但无所谓好坏，只有因情绪而产生的不当行为。昭昭产生了消极情绪，内心渴望被安抚，而昭昭的父母错过了一个和昭昭交流感受，帮助昭昭了解伤心失落的情绪的机会。父母的反应是忽视情绪，转移注意力。久而久之，孩子自然也容易忽略他人的情感需求。其实在孩子的成长阶段，每种情绪都会出现，如果父母能够在恰当的时机帮助孩子了解情绪，疏导情绪，孩子会在下次面对同样事情的时候更能感知情绪，做出正确的反应和选择。

靠谱做法

- 父母要有开放的心态，接纳孩子的各种情绪。如果一个孩子感到羞耻或害怕谈论某些话题，他可能正在压抑自己的情绪，此时父母应该表达自己的包容胸怀。
- 提供表达情感的工具。帮助孩子表达情感的最好方法就是教他们简单、恰当的词汇来描述自己的情感。比如“我感到难过是因为……”“当这发生的时候，我觉得……”“我不喜欢……”
- 积极倾听。倾听有助于舒缓紧张的情绪。当我们倾听他人时，让他们知道我们关心他们。积极倾听需要全身心投入，这样你才能理解对方的想法和感受。

世界育儿公开课
助你缓解养育焦虑

棉花糖实验和棉花糖后续实验

斯坦福大学有个著名实验，被称为“棉花糖效应”。小朋友们被带到一个单独的房间，桌上放了棉花糖等食物，如果能坚持 15 分钟以上不吃那个美食，就可以再多得一份。通过实验观察发现，有的孩子在工作人员刚一离开就吃掉了棉花糖，而有三分之一的孩子成功获得了奖励。抵抗住诱惑的孩子很多采用了转移注意力的方法，比如用手捂住眼睛，扭头不看棉花糖，踢桌子玩等。

实验后的追踪调查研究发现：能够抵抗住诱惑的孩子，SAT（美国高考）的成绩好；青春期时的认知和社交能力也很不错；在 27~32 岁这五年间不会超重，有较高的自我价值感、抗压性和适应能力。

通过棉花糖实验反映出来的心理机制被称为“延迟满足”，即为了获得将来的更大利益，而自己主动延迟或放弃眼前较小的利益并且努力去克服相应的困难。而实验跟踪结果则告诉我们，具有较好的自控力，能够控制自己情绪的人，更容易获得成功。

在棉花糖实验后，罗彻斯特大学进行了棉花糖后续实验。实验前先将孩子们分成 AB 两组，明确交代孩子们可以先用旧蜡笔画画，也可以等一下，会有新的蜡笔和贴纸。A 组的孩子按照承诺得到了蜡笔和贴纸，而 B 组的孩子则被告知，工作人员记错了，没有新的蜡笔和贴纸。

然后，孩子们被导入了棉花糖实验，结果，A 组的孩子通过测试的人数是 B 组孩子的 4 倍。这个实验证明，大人是否信守承诺，极大的影响了孩子的自控力。如果大人言而无信，孩子们是不愿意为了更好的结果进行自我控制的，而会选择眼前的利益。

棉花糖后续实验告诉我们，父母应该为孩子营造一个充满信任感的环境，承诺一旦做出，就必须兑现，这种信任感的培养对孩子自控力的习得异常重要。

财商开发：“张弛有度”，享自由人生

儿童心理学家指出：小宝宝对钱的兴趣可以说是与生俱来的，早期的教育对儿童树立一个正确积极的金钱观，形成良好的理财习惯与技巧有着不可估量的潜在作用。

从管理压岁钱、零花钱开始

对于学龄前儿童，家长可以教孩子一些货币的概念，包括货币的种类、金额，以及不同国家货币的科普知识等。以下几点平时家长可以和孩子一起进行。

- 给孩子压岁钱时，尽量含有面值不等的零钱以及硬币等，让孩子对货币有直观的认识。
- 为孩子准备储蓄罐，可以准备大小不同的，可以让孩子对钱币进行分类。
- 买卖游戏。在家里可以和孩子一起进行超市购物游戏或者买卖游戏，创建生活中用钱的场景。
- 可以适当给孩子讲讲现在的电子支付，让孩子明白没带钱却换回商品的原因。
- 可以带孩子去父母的工作场所，让孩子看看父母办公的样子，告诉他们钱不是从自动提款机取出来的，也不是手机里就存在的，而是靠父母辛勤的工作赚来的。

解读孩子行为
不要对孩子的“小手段”妥协

孩子行为

妈妈带灵灵去商场，灵灵特别喜欢小猪佩奇，她看到一家商店摆满了小猪佩奇，就一动不动在那看着，妈妈叫她走，她就不走，一定要买小猪佩奇的书包，可是家里已经有一个小猪佩奇的书包了，刚买不久。妈妈不肯买，灵灵就大哭，看着拗不过妈妈，就说不买书包了，买一个小猪佩奇的挂件。妈妈为了早点结束这场战争，于是就给她买了挂件。

解读

灵灵妈妈的苦恼，相信大多数家长都感同身受。现在的孩子很会抓大人的心理，当灵灵知道要书包不好使，便不再纠结书包，转而要买挂件。其实妈妈刚开始就没有坚定说法，于是灵灵一次次试探妈妈的想法。家长需要定下规矩，让孩子明确知道底线是什么，而不是试探底线在哪里。妈妈可以说：“今天不是买玩具日，什么都不能买，如果你实在喜欢，我们可以多看一会儿。”这样，灵灵就知道妈妈对买玩具这件事情的坚定态度了。

靠谱做法

在商店里，经常会遇到类似的情景，因为不给买玩具，孩子就号啕大哭，满地打滚，如果父母乖乖妥协，下次孩子便会变本加厉。面对孩子的这种做法，以下几点建议可供参考：

- 提前约定，不再反复：做出约定，家长就要坚持，不能因为孩子的“小手段”而妥协。
- 遇到哭闹，静静陪伴：可以告诉孩子，如果不开心，可以哭一会儿，等哭完再走。
- 教孩子学会表达，哭闹不是正确的表达方式：当孩子情绪缓和后，告诉孩子，想要玩具可以表达，但是不能以哭闹的方式表达需求。
- 延迟满足，形成规矩：即使家长可以给孩子买玩具，也要做到不要在孩子哭闹之后立即买，要跟孩子讲好，可以到玩具日或者生日的时候买，而且到时家长要兑现。

专 · 题

给孩子报兴趣班，智力特点说了算

很多家长会遇到这样的问题，给孩子报了一堆兴趣班，刚开始孩子都特别喜欢，可是没几天就提不起兴趣了。钱没少花，孩子又不愿意上，家长很无奈。而且很多家长给孩子报兴趣班大多跟风，基本上没有明确的目的性，什么热让孩子学什么，别的孩子学了什么就给自己家孩子报什么。很少有家长清楚地知道要培养孩子哪方面的兴趣或能力。那么，该怎么样帮孩子选择兴趣班呢？

哈佛大学的霍华德 · 加德纳教授提出了一个多元智能理论，该理论将人的智力分为以下 8 种：

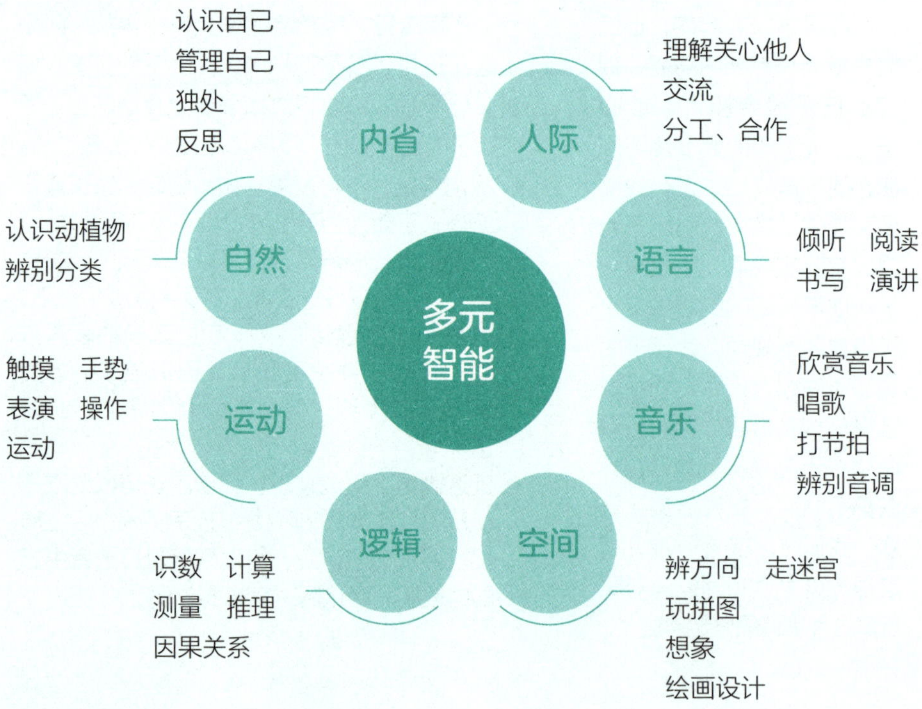

语言型智力

能够有效地运用口头语言及文字，比如经常自己创造一些词语，喜欢诗歌、阅读和写字。这类孩子更喜欢参加阅读、演讲、话剧之类的培训。

逻辑思维型智力

特别喜欢数学思考题，或者对计算类比较感兴趣。推荐给孩子报少儿编程、乐高机器人、棋类等培训班，这类培训班可以发挥孩子的逻辑思维优势。

空间思维型智力

强调感受、辨别、记忆、改变物体的空间关系，并借此表达思想和情感。具体可表现为孩子喜欢拼图、设计、随手涂鸦、迷宫类游戏。素描、剪纸、乐高机器人等会极大地刺激孩子的潜能。

音乐型智力

敏感地感知音调、旋律、节奏和音色等。如果孩子平常会不自觉地哼唱歌曲，而且唱的调也很准，那么可以给孩子选择音乐类培训班。

肢体运动型智力

善于运用整个身体来表达想法和感觉。这类孩子平常根本坐不住，总是喜欢户外活动，即使待在家里，也一刻不停。他们是通过身体感觉来学习思考的。家长可以给孩子报游泳、羽毛球、跆拳道、篮球等培训班。

人际交往型智力

能够有效地理解他人，有较好的人际交往能力。这类孩子特别喜欢和小朋友一起玩，遇到问题第一个就是请别人帮忙，朋友遇到困难，他也会主动帮忙。夏令营、游戏营等是孩子的不二之选。

内省型智力

可正确把握自己的长处和短处，把握自己的情绪、意向、动机、欲望。这类孩子喜欢独处，喜欢用自己的方式思考问题。少儿书法、绘画、围棋、机器人搭建、阅读等培训班更能满足他们的需求。

自然探索型智力

喜欢观察植物、动物和其他自然环境。自然探索能力强的人，在打猎、耕作、生物科学上的表现较为突出。自然探索夏令营将会是这类孩子比较好的选择。

问答直播间

网络热点难题解答

孩子学琴比别人学得慢，是不是没有这方面的天赋，该不该放弃？

爸爸给3岁的女儿报名上钢琴班。一个月过去了，爸爸发现，孩子丝毫没有进步。而同事家的宝宝只有4岁，同样学了一个月，却已经达到了第二阶段。所以，他觉得女儿没有努力练琴，还怀疑女儿没有弹钢琴的天赋。

答

孩子的学习效果和年龄有很大的关系，不同年龄的孩子学习效果不同。3岁的孩子参加钢琴班的学习，与4岁的孩子比起来进步缓慢、成效甚微，并不能说明孩子没有努力、没有学习钢琴的天赋。真正的原因是，孩子各方面的能力还没有达到4岁孩子的程度，比如对音乐的理解力，手、眼、脑的协调能力等。所以爸爸没有必要操之过急，这么快就下定论，而是应该先了解孩子在各个年龄层的特点，放慢学习进程，循序渐进，让孩子快乐地学钢琴。

孩子最近总喜欢自己挑选衣服穿，这种行为正常吗？

孩子最近不喜欢我给他挑的东西，买衣服、买鞋都要自己挑选，说我买的不好看，该怎么办？

答

儿童对美的兴趣、情绪、情感和态度总是毫不掩饰的，随着孩子的不断长大，如果他能清楚地知道自己喜欢什么、不喜欢什么，说明孩子的主观意识在不断增强，那就尊重孩子，在合理的情况下满足他的愿望。不要因为穿衣服而和孩子发生权力之争，家长可以提建议，但把决定权交给孩子。

孩子学东西三分钟热度，我该怎么帮助他？

儿子学东西总是三分钟热度，之前给他报了画画班，上了三节课，表现都很好，突然就说不想去了，说想学架子鼓。我又给他报了架子鼓，当然画画班也没有停，但每次去画画明显兴致不高。学了几次架子鼓，又说架子鼓也没有意思，我该怎么办？

答

孩子往往抱着新鲜好奇的心态去学习一项新技能，他们并不能预想到后面的学习需要花费大量的精力、时间和巨大的耐心。因此，当简单枯燥的学习不能满足其新鲜感时，孩子就会放弃，想去尝试新东西。这时候就需要家长教会孩子什么是耐心和毅力，这也是孩子学习的一部分。

孩子突然对钱很感兴趣，太早认识钱对孩子好吗？

儿子 4 岁半了，之前对钱一点也不感兴趣，这次春节带回老家，亲戚给了很多压岁钱，以前都是看也不看直接放在一边，现在很开心地接受了，并且嚷着“我要拿着钱买玩具”。这种现象正常吗？

答

孩子小时候肯定不知道钱的作用，但是随着不断长大，对钱的作用会慢慢感兴趣。过了 4 岁后，随着孩子认知能力的提升，他们知道钱可以买玩具、零食等。

其实这是培养孩子金钱观的良好时机，钱应该怎么花，为什么要存钱，哪些钱不应该花，自己的钱应该怎么管理……家长可以抓住这个机会，对孩子进行金钱的认知教育。

Part 5

习惯养成

好习惯让生活更轻松

敲黑板了

高效育儿重点看

过于懒惰和过于包办的家长都不利于孩子好习惯的养成，过于懒惰，孩子会以家长为榜样；过于包办，不给孩子自己动手的机会，自然不利于好习惯的养成。

习惯的养成是需要计划的，好的计划会让习惯养成事半功倍，让孩子参与计划的制订，充分尊重孩子，会让孩子觉得自己是计划的一部分，而不仅仅是计划的执行者。

打卡，是一项很重要的辅助工具，打卡也是一种自我监督。通过各种打卡，让孩子的临时行为变成习惯，同时也让习惯成为生活的一种常态。

无论是阅读习惯、运动习惯、学习习惯，任何习惯的养成都会让孩子更自律，而自律又推进了习惯养成。

3~6 岁，好习惯养成黄金期

都说好习惯是孩子一生的财富，坏习惯是孩子一生的债务。3~6 岁是儿童习惯养成的黄金期，在这个阶段培养孩子的良好习惯，将会让其受益一生。

良好学习习惯

激发孩子学习的积极性，提升学习效率。

良好运动习惯

孩子睡得香，身体更健康。

良好行为习惯

孩子责任感更强，逻辑思维能力更突出。

良好卫生习惯

预防疾病，增强免疫力。

好的习惯培养，安全依恋关系是基础

在前面已经讲过安全依恋关系对孩子的一生都会产生重要影响，其实安全的依恋关系也是父母对孩子进行一切教育的基础。安全的依恋关系会让孩子对父母产生信任感和认同感，父母说的话、做的事，孩子自然更容易接受。所以，当教育子女力不从心时，不妨先从安全依恋关系着手。而培养安全依恋关系最直接的便是有效陪伴，给予孩子足够的爱，尝试着从孩子角度出发，“我理解你的这种行为，爸爸小时候比你还调皮”，这种共情能让孩子感觉你是认可他的，获得孩子的认可后再解决问题，将事半功倍。

好习惯，怎么做比怎么说更重要

很多家长会发现，育儿知识学了一堆，刚开始“调教”孩子的时候，还比较好用，但没过多久，好像这个“育儿经”就过了保质期，一切又恢复了原态。究其原因，到底是孩子的自我约束力差，还是家长不够坚持？我想，大部分时候都源于后者。如何培养孩子的好习惯，给家长几点建议：

1 把习惯养成游戏化

在训练中，如果家长很严厉，那么就容易造成孩子的逆反情绪：你越说，他可能越不做。把习惯养成游戏化，让训练形式多样化，增加训练的趣味性，孩子更容易接受和坚持。比如培养孩子的刷牙习惯，家长就可以做“牙齿警察抓牙虫小偷”的游戏，看谁的牙齿警察抓到的小偷更多。

2 将具体行为分解化

现在的家长对孩子要求很高但指导不够，孩子便不知道具体该怎么做。比如洗袜子，家长可以教孩子一浸、二抹、三搓、四漂洗、五晾晒，让孩子清晰每一步都应该做什么，而不是简单说句“把袜子洗干净”。

3 借助检查外力

只要求不检查，就等于没要求。检查可以让孩子和家长及时自省，并发现实施过程中的阻力等。因此，想让习惯顺利养成，请在习惯成为“习惯”之前，做到持续性检查。

4 注重孩子自我评价

检查是外因，养成好习惯必须靠内因，因此要把检查与自我评价联系起来。让孩子在自我评价过程中认识到自己的行为正确与否，有哪些可以改进的地方，真正促进习惯养成。

优化家庭教育，请收起“懒惰”和“包办”

习惯是在生活、学习中逐渐养成的，而孩子的习惯养成一般都和其成长环境密切相关，要想让孩子拥有良好的习惯，首先要注重家庭教育环境。蒙台梭利说过：“环境是有生命的，环境通过对孩子的影响体现它的生命力。”只有在适宜的环境中，孩子才能得到良好的发展，否则孩子的潜能将会受到抑制。

创造适宜的家庭环境，和孩子一起成长

研究表明，符合儿童心理发展需要的家庭环境可以满足其归属感与爱的需求，促使儿童在自己喜欢的家庭环境中充分表现自己的思想和性格，发挥自己的想象力和创造力，传达对家庭的热爱和对美好生活的追求。一般来说，和睦、和谐、温暖、快乐的家庭环境有益于孩子良好习惯的养成和健康成长；而糟糕的家庭环境不仅会让孩子养成不良的习惯，还会使其在生活、学习中产生种种偏差。

日本教育家福泽谕吉说：“家庭是习惯的学校，父母是习惯的教师。”而我们也常说父母是孩子的镜子，孩子是父母的影子，孩子的不良习惯多与父母不当的养育有关。

比如父母做事没原则，即使孩子不遵守规则，也不会去纠正、干预。而孩子学会了靠耍赖皮、哭闹、软磨硬泡让父母妥协。

另外，家庭成员不能保持一致性。尤其是老人看到孩子哭闹，就说：“算了，孩子还小，大了自然就好了。”

别做直升机式家长，让孩子自由成长

有一类家长，时时刻刻关注着孩子的一举一动，事事包办，不顾一切让孩子远离伤害和失败，一旦孩子犯错误，立马冲在前面帮孩子解决问题。这样做不但扼杀了孩子的自我意识和独立意识，也不利于其良好习惯的培养。孩子总要经历“从不会到会”的过程。不要怕孩子做得不好，只要他付出了努力，不论结果如何，都要给予认可与鼓励。对于培养孩子的好习惯，有几点建议可以参考：

1 对孩子有一个合理的期望

要想培养孩子的良好习惯，家长必须对孩子有一个明确而具体的期望，而不是笼统的。比如希望孩子健康成长，更友善，这都是难以执行的。而改掉不洗手的坏习惯，每天要洗澡，每天早晚刷牙，吃饭自己吃等，才是“有价值”的期望。

2 制订合理的作息时间

制订作息时间，并不一定事无巨细，大原则上定好起床时间、早餐时间、午餐时间、午睡时间（这个在很多家庭是个难题）、晚餐时间、晚睡时间等几个时间点即可。由于3~6岁一般是家园共育阶段，因此这些时间点尽量与幼儿园规定保持一致，更有利于孩子习惯的养成。

3 表达要简单直接，温柔而坚定

比如想改掉孩子边看电视边吃饭这个不良习惯，很多家长就会说：“别看了，再不吃饭，我就关电视了。”其实这是最无效的限制。家长可以跟孩子约定好：“宝贝，咱们吃饭的时候要一心一意，我们一吃饭，先把电视关掉，等吃完饭再打开看。”

4 语气、语调、体态比文字内容更重要

孩子大多时候都能准确感知家长对一件事情的态度，当家长语气严厉，孩子也会有畏惧心，当说话时语速快而紧迫，孩子也会清楚这件事很重要。而适当的肢体语言也会表达主要信息。孩子通过家长说话的语气、节奏、体态、表情等，能直接感知父母对自己的看法。比如，孩子想探索插座时，可用简短紧迫的语气告诉孩子“危险，不可以触碰”，而不是笑嘻嘻、慢悠悠地说“不可以碰呀”。

隔代育儿矛盾多，怎么说老人才肯听

“4+1”“4+2”的育儿模式已经成为当今家庭的“标配”，两代人在育儿方面往往存在较大分歧，一个觉得自己经验丰富，一个讲究科学育儿，但谁也不是育儿专家，对孩子的教育也有一知半解的情况。既然无力改变这种育儿模式，两代人之间该怎么沟通，才能齐力把孩子养好呢？

肯定老人育儿的优点，表达对老人的感激

年轻人接受新事物比较快，老人相对思想保守一些，但作为儿女，不要急着改变老人，首先应该心存感激，尊重老人的付出，肯定老人的价值。可以跟老人说：“妈，看宝贝让您带得多壮，您帮我们带孩子，孩子出去玩的时间比其他小朋友多，也更爱说话了。”从心里认可老人，这会让老人带孩子更有动力。

站在孩子的角度“说事儿”

在很多家庭，当和老人沟通养育问题时，老人接收到的信息往往是批评、指责。老人帮忙带孩子，本来是义务之外的事情，是出于对儿女的关心，却常常遭到指责和批评，这样他们非但不会配合，反而会更加坚持自己的做法。

让孩子健康成长是父母和老人共同的信念。沟通时，应该从孩子的角度去分析问题，比如孩子打人这件事情，很多老人都怕孩子“吃亏”，而面对自家孩子欺负别人，就显得很宽容。如果直接指责老人“你这样不对，会惯坏孩子”，老人肯定会不开心，但如果把具体问题说清楚，比如“因为打人，别的小朋友会远离咱们家孩子，慢慢地，对孩子的性格也会造成影响”，这样的说法会让老人站在孩子的立场考虑，为了心爱的孙子，他们也会慎重考虑的。

让孩子加入计划制订，参与感帮其养成好习惯

现在很多家长都喜欢给孩子制订计划，有的家长会说，计划让孩子做事情更自律，帮助孩子养成好习惯。但是也有很多家长反映，孩子不自觉履行计划，一不留神就开始偷懒，导致计划被搁浅。其实孩子的这种不自律、爱拖延的现象很正常。人的本性就是非自律的，成人还经常给自己找借口懒惰一下，何况是孩子。那么家长该如何帮助孩子制订计划呢?

计划不要只针对孩子

计划不是家长的一言堂，孩子不是输入指令就去执行的机器人。计划的制订不应仅仅针对孩子，家长也要参与其中；相应的，制订计划时，不应仅仅家长说了算，也要让孩子参与计划制订。孩子自己参与制订计划，更有利于培养其自主性。

怎样制作计划表

可以先为每个家庭成员单独选择需要完成的项目或喜欢的活动，再添加一些全家都能参与的活动。填写每个成员的活动时，在计划表上以不同的颜色注标，这样每个人都可以清晰地看见自己每天的日程安排。这种方法在于帮助孩子养成规律作息，并提醒他们按时实施。

家庭计划应该包括哪些

家庭计划里填写的应该是全家一起参与的活动。举个例子，应该写上“全家在一起吃饭”并且注上时间。在计划里也应该写上每天都会发生或者一周内固定发生的事项。比如周末全家一起去公园玩或者拜访亲戚。如果有其他类似的定期活动，也应该纳入计划表内。

个人计划应该包括哪些

这是每个人的专属活动。比如自己穿衣、洗脸、刷牙，自己吃午饭，自己做家庭作业，自己收拾玩具、做活动或运动。另外，计划表中应该有一些“额外机动”时间，让计划表更有弹性，更有实操性。

检查计划的完成度

把计划表挂在每个人都能看见的地方，每周大家可以相互检查一次，看看彼此的完成度，是否遵守了自己的诺言，然后一起为即将到来的下一周制订计划表。

好爸爸微课堂

在做计划表时，爸爸的参与很重要，尤其是对平时忙于工作而很少陪孩子的爸爸来说，参与家庭计划的制订与执行，会让孩子感受到爸爸的关爱和对自己的重视，也是促进亲子关系难得的机会。

家庭计划表

	时间	周一
早晨	7:00	爸爸做饭
	7:30	宝宝和妈妈起床
	7:40	全家一起吃早餐
	8:00	爸爸妈妈送宝宝上学，爸爸妈妈上班
晚上	17:30	爸爸接宝宝放学，妈妈回家做饭
	18:30-19:30	全家一起吃晚饭、聊天
	19:30-20:00	全家一起散步、聊天
	20:00-20:30	完成英语网课
	20:30-20:40	洗漱，准备睡觉
	20:40-21:00	游戏，听睡前故事
	21:00	关灯睡觉

家庭计划表

	时间	周二	周三	周三
早晨	7:00	妈妈做饭	爸爸做饭	妈妈做饭
	7:30	宝宝和爸爸起床	宝宝和妈妈起床	宝宝和爸爸起床
	7:40	全家一起吃早餐	全家一起吃早餐	全家一起吃早餐
	8:00	爸爸妈妈送宝宝上学，爸爸妈妈上班	爸爸妈妈送宝宝上学，爸爸妈妈上班	爸爸妈妈送宝宝上学，爸爸妈妈上班
晚上	17:30	爸爸接宝宝放学，妈妈回家做饭	爸爸接宝宝放学，妈妈回家做饭	爸爸接宝宝放学，妈妈回家做饭
	18:30-19:30	全家一起吃晚饭、聊天	全家一起吃晚饭、聊天	全家一起吃晚饭、聊天
	19:30-20:00 20:00-20:30	和小朋友一起玩	完成英语网课	和小朋友一起玩
	20:30-20:40	洗漱，准备睡觉	洗漱，准备睡觉	洗漱，准备睡觉
	20:40-21:00	学习英语，听睡前故事	游戏，听睡前故事	学习英语，听睡前故事
	21:00	关灯睡觉	关灯睡觉	关灯睡觉

家庭计划表

	时间	周五	周六	周日
早晨	7:00	爸爸做饭	妈妈做饭	爸爸做饭
	7:30	宝宝和妈妈起床	宝宝和爸爸起床	宝宝和妈妈起床
	7:40	全家一起吃早餐	全家一起吃早餐	全家一起吃早餐
	8:00	爸爸妈妈送宝宝上学，爸爸妈妈上班	全家人一起出去购物，去公园或去游乐场玩	全家人一起出去看望爷爷奶奶和朋友
晚上	17:30	爸爸接宝宝放学，妈妈回家做饭	—	—
	18:30-19:30	全家一起吃晚饭、聊天	全家一起吃晚饭、聊天	全家一起吃晚饭、聊天
	19:30-20:00	完成数学网课	和小朋友一起玩	和小朋友一起玩
	20:00-20:30	画画		
	20:30-20:40	洗漱，准备睡觉	洗漱，准备睡觉	洗漱，准备睡觉
	20:40-21:00	游戏，听睡前故事	学习英语，听睡前故事	学习英语，听睡前故事
	21:00	关灯睡觉	关灯睡觉	关灯睡觉

学会制作日常惯例表

• 制作日常惯例表的步骤和重点

Step 1 **通过头脑风暴确认需要做的所有事。**（原则：先记录，不点评、不否定、不评判，仅仅是记录下来。记录下来是对孩子的尊重，记录下来之后可以讨论界限）

Step 2 **拍下孩子做事时候的照片或让孩子画出来。**

Step 3 **让日常惯例表做主。**“你的日常惯例表的下一项是什么？”当孩子没有执行时，就用这句话代替我们的唠叨并提醒他。

Step 4 **不要加入奖励，因为奖励会带走孩子的能力感。**

日常惯例表	
7:30	起床、洗脸、刷牙
8:00	早餐
11:30	午餐
17:30	晚餐
19:00	运动时间
20:00	准备洗澡、刷牙
20:30	上床亲子共读
21:00	关灯睡觉

对于 3~6 岁还不太识字的孩子来说，家长可引导他们用画画、贴图等有趣的方式来记录每天的作息安排。时钟计划盘可以清晰直观地显示一天的作息，也有助于增强孩子的时间观念。

开家庭会议，调整计划

家庭会议是一家人聚在一起交流谈心的好机会，全家人都要重视，争取都能参加。首先可以约定一个固定的时间，比如，每个月开一次，或一周开一次。开会前可以准备一些零食和茶水饮料，让孩子感觉更有仪式感，更乐于参加。还可以让孩子当主持人。讨论的内容可以是计划的实施情况总结。

讨论时，要明确孩子“喜欢做的事情”和“应该做的事情”，如果是因为孩子自己的原因，把“应该做的事情”延后了，将占用“喜欢做的事情”的时间。比如，因为刷牙和洗澡磨蹭，占用了过多时间，那么就会减少爸爸读绘本的时间。这对孩子来说是很不愿意接受的，他们会因此更配合“什么点做什么事”。也可以讨论采用什么样的方法可以提醒孩子抓紧时间，比如，用一个小沙漏计时，跟时间赛跑。

开完家庭会议，灵活调整计划。孩子本身就有很多不确定性，家长应该允许这样的不确定出现，比如晚上 9 点要上床睡觉，可是孩子在兴头上不想睡，家长也不要强求，可以先给孩子听听舒缓的音乐、讲讲故事，让他先安静下来，并约定明天要把计划提前。

坚持打卡，习惯成自然

制订计划，是一件容易的事情，但想要坚持就没那么容易了。每个人都具有对抗新变化、维持现状的倾向，这是人的天性。要想将好习惯坚持下去，不仅需要自控力和意志力，也需要一些诀窍和方法。打卡本身就是一种习惯，因为当开始培养孩子坚持打卡时，实际上孩子的自我意识在不知不觉中已经起了作用，已经开始自我引导了。同时，打卡也是一种自我监督。通过打卡，让孩子的行为成为习惯，也让习惯成为生活的一种常态。

打卡表可以自制，也可以网上购买，现在也有很多打卡软件，但是如果能和孩子动手制作，更容易引起孩子的兴趣。

打卡表可以每完成一次就在上面做一次标记或贴贴纸，这样可以让孩子了解自己已经坚持做了多少次。也可以做成日历形式，按日期做标记，这样可以了解自己从哪天开始，哪天由于某些原因而中断。

打卡分阶段，最重要的是坚持

阶段1 反抗期（第1~7天）

俗话说，万事开头难，因为人都会习惯性地按照以前的样子生活，即“习惯引力”。举个例子，比如孩子以前不爱运动，现在计划每天跑步 20 分钟，可能刚开始两三天还兴致勃勃，接下来就会为自己找借口不运动，恢复到以前的状态。其实不仅是孩子，家长也容易屈服于“习惯引力”。

反抗期对策

- 只锁定一种习惯，不要同时锁定太多习惯。
- 简化习惯。复杂的事容易失败，而简单的事更容易坚持。
- 先培养形式，再逐步注重结果。失败的原因很多都是因为太在意结果，比如孩子跑步 20 分钟，家长就要求孩子必须跑 20 分钟，这样孩子很难坚持。在这个阶段，如果先让孩子坚持跑 5 分钟，就算成功了。
- 不要让孩子觉得是做任务，要让他感觉是做游戏。

阶段2 不稳定期（8~21天）

这个阶段，通常是对第一阶段逐步提高门槛的过程。在这个阶段，会不断地有其他事情被安插进来，如果能坚持下去，就能建立稳定而持续的机制了。

不稳定期对策

- 模式化。尽量固定时间、固定地点做同一件事情。比如吃完晚饭后半小时下楼跑步，地点是小区内的小花园。
- 设定例外规则。再精准的计划也会有例外情况出现，比如不可抗拒的气候，遇到下雨天或者大风天没办法执行，就可以采取第二计划，比如在家里做小熊爬等。
- 设定持续开关。这个开关就是给孩子一个坚持下去的小动力，比如给个小奖励，当然这个奖励要恰当，最好是和这个习惯相关联的。比如，坚持完跑步，爸爸妈妈陪着多玩 5 分钟的奥特曼打怪兽，不要让孩子仅仅因为奖励而坚持。

阶段3 倦怠期（第22~30天）

在倦怠期，经常会因为厌烦而提不起精神，因为一成不变而感到无聊，因此这个时期更需要想想对策，以应对这种无聊感。

倦怠期对策

- 做出变化。如果一直做一件事情，任何人都会感到厌烦，何况是孩子。这就需要不断做出调整和变化，比如，为孩子添置一双更适合跑步的运动鞋。但不要轻易改变已建立的模式。
- 计划下一项习惯，最好下一项习惯和前一项有所关联。想要养成良好习惯，就要持续地播种“习惯的种子”。

抓住小进步，为孩子加油打气

在培养孩子的良好习惯时，最难的就是家长和孩子的坚持，正是因为不坚持，才让很多行为习惯培养中断。要想一直坚持，就需要家长打开脑洞，不断想办法，以增强孩子的自主性，并让这种行为成为孩子的动力，而不是压力。

• 奖励

有人不建议使用奖励，认为奖励会让孩子有依赖性，其实恰到好处的奖励是可以使用的。比如孩子刷牙，一般打卡就建议坚持 21 天，但最开始几天孩子容易退缩。家长可以使用点小技巧，帮助他坚持下去，比如说：“你知道吗？如果你能坚持 7 天，你的牙刷就会变成佩奇的样子，因为佩奇是一个爱刷牙的小朋友，她会给爱刷牙的小朋友奖励。”孩子会因为期待而坚持下去。

这个奖励也可以是一朵更大的小红花，比如刚开始打卡的时候，家长在打卡表上贴的是普通小红花，连续贴满 7 天，家长就可以把小红花升级为更大的红花或者是佩奇（可以根据孩子喜好而定），并告诉孩子：“因为你表现很棒，能坚持，现在你已经升级了，佩奇说要和你一起做伴，看谁坚持的时间更长。”

到了孩子真正完成 7 天的打卡，家长要言而有信，切忌给孩子开空头支票。

无压力打卡

在最开始打卡时，很可能经常中断，但不要有压力，中断了可以从头开始，这个反复中断而又重新开始的过程就是家长带领孩子一起培养行为习惯的过程，但千万不要因为中断而半途而废。相信只要坚持 3 个月，这种行为就会转变为习惯。

如果打卡已经持续了半年，说明孩子的阅读习惯已经养成，这个打卡就可以停下来。因为打卡是促进习惯养成的，当习惯养成后，再打卡就没什么实质意义了。注意，是打卡停下来，而不是将习惯停下来。这时可以培养孩子的其他行为习惯。

打卡有速度、没质量，怎么办

有的孩子每天都在按计划打卡，为了赢得父母的奖励，选择用极快的速度去完成打卡内容，结果速度上去了，完成的质量却很差。遇到这种情况，家长可以做两件事：第一，要定好标准，比如告诉孩子怎样刷牙才能真正把牙齿刷干净，当孩子有了标准可依，就不会盲目地为了完成打卡任务而匆匆去做；第二，鼓励孩子时，要进行具体的描述，不能简单地说“你做得很好”，而是要讲“你把牙齿刷干净了，嘴巴没有异味”，这样孩子就能明白怎样刷牙才对，也会很有成就感。

打卡质量差还有一种情况，是孩子尽了很大努力，仍然完不成打卡内容。这个时候，父母就要思考一下制订的计划表是不是合理。另外还要考虑，你的安排，孩子是不是感兴趣，当孩子产生抵触情绪后，就会出现磨蹭和拖沓。

阅读习惯：从亲子共读到自发阅读

美国国家儿童健康与人类发展研究院的研究表明："阅读是幸福、充实、有成就感的人生所必需的唯一且重要的技能。拥有良好阅读习惯的孩子将会是一个自信的孩子，并且具有高度的自尊心。"不强迫孩子阅读，而是把阅读当成一种兴趣，让阅读成为一种习惯，而不是一件令人讨厌的事。

打造阅读角，让孩子爱上阅读

阅读是最好的游戏，绘本是最好的玩具，每个家长都希望孩子能够安安静静看会儿绘本、读读古诗，然而很多孩子根本坐不住，还没等妈妈开始陪着阅读，已经跑了好几圈了。爱动本就是孩子的天性，要想让孩子能心甘情愿地坐下来，就需要为其营造良好的阅读氛围，而设立读书角，就是一个不错的选择。

阅读角可以是能隔出一平方米的空间，一面墙，一个窗台，一间储物间，一个小阁楼……有方便自主阅读的书架、舒服的毯子、柔软的靠垫、一盏温暖的台灯，这样的地方就是一个让孩子安静自由、心灵放飞的阅读角。

总之，这个地方是不固定的，而且是任何家庭都能腾出来的，而阅读角的风格也是百变多样的，可根据孩子的性格特点和喜好进行布置。最重要的就是抓住孩子的喜好，让他感兴趣，最好让孩子参与阅读角的布置。

编辑推荐

家长朋友也可以选择"凯叔讲故事""启蒙听听""伴鱼绘本"这样的软件，里边的故事内容丰富、生动，更容易吸引孩子的兴趣。家长也可跟里边的主播学习一些讲故事的方法。

制订阅读计划，让阅读更有方向

布置好阅读角只是培养孩子阅读兴趣的第一步，有计划的阅读对孩子来说也很重要。比如可以和孩子商量他想要什么样的书，并根据其年龄段选择适合的书，或者直接带孩子一起去书店挑选他喜欢的书。让孩子感兴趣是第一位的，当孩子阅读一段时间，如果想让他阅读范围更广泛，可以尝试放一些培养孩子性格习惯、情商、自信心等方面的绘本，孩子可能不经意间就产生了兴趣，或者偶尔拿起来看一看。

固定阅读时间，培养生活仪式感

保证孩子养成每天阅读的好习惯，最好是固定时间，每天15~20分钟最好。好的阅读习惯可以帮助孩子循序渐进地学习。不要一天读2小时，然后剩下几天不读。家长可以培养孩子在睡前阅读，这样也可以加强入睡的仪式感。培养孩子的仪式感对其行为习惯的养成非常有帮助。睡前坚持进行亲子阅读，帮孩子建立一种固定的睡眠模式，从潜意识中提醒孩子“你该睡觉了”，也有助于孩子养成良好的睡眠习惯。

阅读分享，让阅读更有趣

全民阅读倡导者聂震宁曾提出“独读书，不如众读书”的观点，他提出为了提高阅读力，需要很多人聚集起来快乐地读，这能使孩子们不只是读书，还能有情感交流。“众读书”不仅能激发孩子的阅读欲望，更能帮助他们很好地把所读所思表达出来。因此，家长不妨没事时约着三两个好朋友，带孩子去图书馆或者书店一起读书，感受读书的氛围。这样不仅能培养孩子的阅读兴趣，还可以培养他与小朋友之间的友谊。

学习习惯：专注、试错、复习

很多家长看到“学习习惯”几个字就会觉得孩子还小，小学再开始培养就行，3~6岁就培养学习习惯，是不是早了些？其实年龄越小，越容易培养孩子的良好习惯。当然，培养孩子的学习习惯并不是说现在就让孩子投入正规的学习，而是对其能力和行为习惯进行培养。

在生活中培养认真学习的态度

俗话说态度决定一切，孩子的学习态度也将很大程度上决定其学习的效果与成绩。做事认真负责的态度，能帮助孩子今后更积极地学习知识、掌握技能。

• 在日常生活中培养孩子的专注力

在孩子玩耍的时候，尤其是他玩得很投入的时候，家长应尽量做到不打扰。如果孩子做事没有耐心，喜欢半途而废，家长应多鼓励他将事情做完，并通过孩子容易接受的方式让他“再坚持一下”，或者讲坚持做完的益处，而不是不了了之。这其实对培养孩子专注、认真都大有裨益。

• 每次错误都是学习的机会

当孩子犯了错误，家长不要打击，也不要害怕孩子自尊心受挫而替孩子承担责任，最好的办法是让孩子意识到错误应该有责任人，自己犯的错误就要勇于承担，承认并改正错误，是勇敢又智慧的表现。孩子承认了错误，甚至受到错误所带来的一些相应惩罚，慢慢就会成为有责任感、有担当的人。在孩子改正错误的过程中，家长可以适当引导，但不要包办，孩子会在错误中得到学习和提高。

复习，让已学知识理解更深刻

当孩子上中班、大班时，老师会适当教一些学习方法或者知识点，家长应做好跟进。比如孩子在幼儿园学了故事或诗歌等，家长可以在孩子睡前或者接送孩子上下学的路上和孩子复习一下。反复记忆能帮助孩子查缺补漏、加深印象、举一反三。

快乐情绪让学习效果更好

学习中体验到的情绪会和学习到的内容一起储存起来。也就是说，当孩子学习某一内容时，如果他是快乐的、兴致高昂的，或是低落的、被迫的，不论哪种，情绪都会被存储起来。在快乐的情绪中学习，获得知识的同时储存了快乐，那么当以后再学习时，快乐的情绪也会伴随，产生的结果是主动学习；如果是被迫学习，这种抗拒的情绪也会随之储存，那么以后学习中的不情愿也会伴随，就会导致厌学。所以要从小让孩子体验学习带来的快乐，这是孩子学习的动力。那么平时应该怎么培养孩子热爱学习的良好情绪呢？

Step 1　**儿童最初对学习的外部活动（即学习的外在形式，比如游戏）更感兴趣，以后逐步对学习的内容产生兴趣。**童年期的孩子刚刚从游戏中学习转移到从书本中学习，那么家长就要从游戏入手，和孩子一起边玩边学。

Step 2　**学习不要只在乎课本，学龄前孩子更应该从生活中学习。**比如针对孩子喜欢玩水这个特点，可以给孩子买科学实验书，和他一起准备材料，做各种小实验，在这个学习的过程中，孩子是快乐的，家长只要鼓励和支持就足够了。

Step 3　**应该耐心了解孩子的需求，同时加以指导。**孩子的求知欲是很高的，当他们提出“妈妈我不会”时，其实是想说“妈妈我想学习了”。

解读孩子行为
学习不要操之过急

孩子行为

亮亮和爸爸在操场上学习踢足球，虽然很多时候亮亮都不能把球踢到准确的位置，但是亮亮开心极了。可是爸爸看到亮亮明明想要往东踢却踢偏了，于是就耐心地教亮亮，该怎样奔跑、运球，如何使用脚的不同部位踢，可是亮亮并没有在意爸爸说什么，心里只想着玩球。这时爸爸觉得亮亮没有认真听自己说话，情绪慢慢变差。亮亮也逐渐感受到了爸爸的压力，一边踢着球，一边听爸爸说什么。可是他的球踢得越来越差。

解读

显然，亮亮的心中只有玩，对于技巧之类并不在意。当他感受到爸爸的压力时，一边学踢球，一边又要防守来自爸爸的压力，他的精力并没有完全放在踢球上，他对于爸爸教导的内容可能只记得3%，但是爸爸对他的责骂，他体验到的挫败和爸爸无形的压力，可能对他造成的影响更深远。

靠谱做法

- 不要操之过急：一般6岁左右的孩子才能学会踢足球，对于很多足球技巧要8岁左右才能掌握，在这之前，家长如果想要孩子玩球，可以教他们基本动作和简单的安全保护措施。
- 放平心态：家长带孩子踢足球，目的是培养孩子的踢球技巧，还是想让孩子通过踢球锻炼身体呢？如果是后者，家长大可不必过于较真，相信没什么比孩子开心快乐的玩耍更重要了。
- 换个时间指导：当孩子正兴奋的时候，他的注意力都在踢球上，他自己也会思考怎么踢会更好。与其打扰，不如让孩子自己摸索。

世界育儿公开课
助你缓解养育焦虑

别让不良情绪阻碍沟通

在《自控力成就孩子一生：儿童行为问题管理手册》一书中，强调所有的情绪都是重要的。然而在现实生活中，很多父母只想着培养孩子正向的、积极的情绪，却忽视孩子的消极情绪。有时候甚至会认为关注孩子的消极情绪无疑是火上浇油，会放大孩子的消极情绪，其实这就是一种对消极情绪的错误认知。比如，愤怒通常被认为是一种消极情绪，其实它只是情绪中的一种，而且在一定程度上愤怒也是一种有益情绪。因为愤怒可以让人知道什么事情不对劲，让别人感受到你的东西不可侵犯等。

所有的情绪都是一种内心想法的表达，有情绪并非坏事，关键在于怎么管理情绪。而且每一种情绪都来自于我们的内心，每一种情绪都是一种语言信息，作用是帮助我们更好地与自己沟通，与他人沟通。

在这里提醒家长，注重培养孩子学习的同时，一定也要注意孩子的情绪，不良的情绪往往是孩子厌学的开始，当孩子出现这种情绪时，希望家长给予理解和安慰，而不是将这种情绪打压下去。

运动习惯：从最感兴趣的着手

运动可以让孩子身强体健，还可以提高专注力，增进亲子感情。儿童成长过程中养成锻炼习惯之后，在他们的成长高峰期时会充分受益。所以家长要鼓励孩子进行健康的体育活动，让他们多进行户外运动，亲近大自然。

坚持运动有益身心健康

强化免疫系统

运动可以降低各种疾病的风险，还可以强化心肺的功能，增加身体抵抗力。

促使大脑整合

运动的时候，大脑各个区块会产生连接，让大脑的运作更灵活，还可以改善孩子的性格，并让学习效率更高。

避免发育问题

动作可以刺激肌肉发育以及神经系统的协调，因此可以避免成长发育出现的问题。

训练专注力

孩子在运动的时候必须很专注，所以可以训练孩子将注意力放在一件事情上，培养其专注力。

提升亲子关系

和孩子一起运动可以增加亲子之间的互动，提升亲子关系，让孩子更有安全感。父母也可以通过亲子互动了解孩子的学校生活。

轻松 5 步让孩子爱上运动

运动就像阳光、空气和水，是孩子健康成长的原动力。从心理意义上说，运动有助于增强孩子自信心、责任感、荣誉感和集体主义精神，有利于培养孩子持久性、自制力、独立性等个性品质，使他们性格开朗、乐观、充满活力。

1 以孩子的兴趣为起点

好动是孩子的天性，家长应呵护孩子这种爱玩的天性，并把它发展为体育兴趣。如果孩子爱玩球，那么家长就可以以球为娱乐手段，进一步激发孩子的运动潜能，帮孩子把兴趣转化为稳定的体育爱好。

2 父母以身作则很重要

孩子运动习惯的养成很大程度上受父母的影响，对体育运动没有兴趣的父母很难给孩子做出积极的示范和支持。喜欢运动的父母会创造条件和孩子一起活动。父母首先要强化自己运动健身的意识，“从我做起”，创造条件与孩子一起做运动。

3 让运动融入家庭生活

运动和吃饭、睡觉一样，是健康生活必不可少的，关系到家庭生活的质量。父母应该善于利用环境资源，捕捉生活中的锻炼机会，比如住在高层建筑，可以和孩子一起爬楼梯上楼。在家庭体育中，运动形式是次要的，重要的是全家人在共同运动中放松精神，感受亲子运动带来的乐趣。

4 养成“化整为零”的运动习惯

随着科技的不断进步，在大环境的影响下，孩子更愿意待在家里看电视、打游戏、玩手机，而且进行这些活动孩子们也开心，大人们更省事。这样的生活方式也导致孩子越来越不爱运动，出现了“小眼镜”“小胖墩”甚至“小糖人”，究其原因大多是孩子得不到足够的运动锻炼。家长平时可以在晚饭后带孩子下楼遛个弯儿，跳跳绳，回家时爬几层楼梯等。总之，不拿没时间当借口，利用零散的时间陪孩子做运动，以培养其良好的运动习惯。

5 指导孩子科学锻炼

运动会引起身体功能的深刻变化，过少的运动量对身体功能无刺激作用，超负荷运动又会对身体造成损害。家长既要警惕孩子超负荷运动，又要帮助孩子全面发展。平时应注意指导孩子运动前热身、运动后拉伸，以预防运动损伤。

解读孩子行为
不要阻止孩子的上蹿下跳

孩子行为

5 岁的阳阳平时总爱上蹿下跳，特别活泼。一会儿爬进柜子里，一会儿爬到桌子底下，还喜欢玩沙发垫子，一个一个往上摞，摞好后踩上去蹦跳，倒下来后再来一遍，乐此不疲。外出时，喜欢从高处往下跳，喜欢爬假山，喜欢走马路牙子，喜欢走不平的河沿。这些行为令妈妈头痛不止。

解读

从安全角度看，阳阳的做法是危险的；但从运动医学角度来看，弹跳运动有健身作用，因为弹跳过程能产生振动，会让孩子受益匪浅；从孩子自身成长的角度说，这些运动能让他全方位地感知、探索空间，他的所作所为都是在努力掌握空间智能，这些活动对其将来掌握空间概念、识别几何图形非常有帮助。所有这些在家长看来毫无意义、淘气的行为，正是孩子了解物体、空间之间的关系，建构空间概念的好时机。

靠谱做法

要求孩子“不要动，安静下来”，实际上是家长以爱的名义限制孩子的自由发展。每个孩子都有一个神秘的未知世界，别总是想改变他们，而应该尝试着去了解，去促进。在养育好动型孩子的过程中，给出几点建议供家长参考：

- 在保证安全的状况下，让孩子尽情玩耍，即使受点小伤，也是童年的经历，家长不要大惊小怪。
- 家长带着孩子一起“淘气”，充分释放孩子的能量。比如可以带着孩子爬山、骑行等。
- 送孩子去运动类机构，跟着教练一起学习运动知识，掌握基本的运动技巧和方法，减少孩子在运动或者玩闹过程中的损伤。

行为习惯：把东西放回原处

好的行为习惯有助于培养孩子的自我管理能力，培养他们形成有条不紊的做事风格，预防和纠正拖拖拉拉、丢三落四的坏习惯。培养收纳的好习惯，能让孩子做事更有条理，养成一种责任感。

想整理，先分类，从哪拿的放到哪

爱玩是孩子的天性，比如想让孩子把自己的玩具收拾好，不妨跟孩子通过游戏的方式主动收纳。可以跟孩子说："我们玩小老鼠搬家的游戏吧，看谁能把小老鼠的粮食准确地搬回洞里。"一般情况下，孩子听到这样的话都会很配合，这时家长就可以边做游戏边和孩子说："这个是老鼠妹妹的玩具，需要放在这个洞里，那个是老鼠哥哥的玩具，需要放进另外一个洞里。"这样，就能轻轻松松把该整理的东西都整理好了。

孩子学会分类整理归类的逻辑思维能力，是他们开始认知事物之间的区别和共同点时慢慢习得的。比如球类放在一起，书本放在一起，不同类型的绘本分开整理。首先要养成孩子分类的能力，这就需要家长自己先有足够的分类意识，比如把孩子的玩具分箱整理，积木箱、小汽车箱、武器箱、玩具娃娃箱等。这样孩子慢慢就会清楚自己的玩具该怎么分类了。

当孩子有了一定的分类意识，那么当他们每次玩完玩具后，家长就可以利用游戏的形式，让"小老鼠回家""汽车入库"，引导孩子准确地把玩具归类，放回原处。久而久之，即使没有家长的督促，他们也会很自觉地帮玩具找到自己的家。当然，这个过程并不轻松，很多时候孩子会出现耍赖皮的行为，这就需要家长要有足够的耐心和方法，逐渐引导。请记住，教育不是一蹴而就的。

解读孩子行为
让好习惯从满目狼藉开始

孩子行为

迪迪是个 3 岁半的男孩，平时妈妈觉得他还小，基本不让迪迪做家务。一天晚餐后，妈妈见迪迪的玩具扔得到处都是，跟迪迪说："迪迪，你看妈妈多辛苦呀，和妈妈一起收拾玩具，好不好？"迪迪却撒娇说："妈妈，我不会，你帮我整理吧！"妈妈见迪迪不动，便想出一个主意："迪迪，那妈妈陪你一起玩游戏吧，我们在家里建个超市怎么样？"迪迪一听立刻提起了兴趣，于是和妈妈把各类东西进行了分类，积木搭成了超市房子，水果切切乐玩具放到了货架上，"超市"外面依次排好了消防车、救护车等待救援。

解读

爱玩是孩子的天性，玩具是孩子的玩伴，家长很乐于给孩子买玩具，但孩子玩完玩具不收拾，又令家长十分苦恼。迪迪妈妈抓住了迪迪的心理，想了一个很聪明的办法，既让孩子体会到了玩的乐趣，又顺便教他学会了分类整理。

靠谱做法

习惯成自然，当孩子养成一种习惯后，那么随着这个习惯的不断强化，孩子其他方面也会跟着改善：画完画收拾好自己的画笔、画纸等，自己穿过的衣服叠好放在固定位置等。好的习惯就是在生活中的点滴小事中培养起来的，培养孩子的良好行为习惯应注意：

- 教会孩子整理、归类、摆放的方法：家里最好有摆放孩子玩具固定的架子、整理箱等，以利于孩子分类整理，从哪拿的放到哪。
- 把收拾玩具当成游戏：游戏力求简单，可用比赛的形式。比如看谁先把玩具车开进车库，让布娃娃回家等。
- 反复训练，持之以恒：不要妄想一两次就能让孩子养成一个好习惯，习惯养成是需要反复训练的。

卫生习惯：由约束到自主，做一个“清白干净人”

儿童正处于生长发育的旺盛时期，如果不养成讲卫生、爱清洁、有规律的良好生活习惯，就会影响其身体发育。从孩子懂事开始就要注意培养他们的卫生习惯，这对于促进其身体健康、预防疾病很重要。习惯一旦养成，父母也会减少负担。

如何让孩子养成良好的卫生习惯

良好的卫生习惯包括经常洗手、洗脸、洗头、洗澡，早晚刷牙，饭后漱口，勤剪指甲，保持衣服整洁等。培养良好的卫生习惯要从生活的点滴做起，比如，饭前便后要洗手，不吃脏东西，不随地吐痰，不用手指挖鼻孔等。对于学龄前儿童，家长可以从以下几个方面培养其卫生习惯：

生活自理能力

主要包括正确的洗手、洗脸、洗澡、刷牙、剪指甲等，培养良好的卫生习惯。天天都刷牙，对孩子来讲是挑战，需要家长协助完成，特别是 5 岁内的孩子。有的孩子不喜欢刷牙，家长可以给孩子看有关牙齿的绘本，知道了牙刷可以帮助清除掉牙虫后，为了避免牙齿疼痛、拔牙等后果，孩子就会按时刷牙。

家居环境整洁

学会注意家中各种卫生细节，保持床上用品、地板、餐具等的清洁和整洁。

爱护公共环境卫生

不乱扔果皮、纸屑，不随地吐痰，不随地大小便。

解读孩子行为 压迫式教育不可取

孩子行为

露露是个 6 岁的女孩，平时乖巧文静，爸爸经常出差在外，妈妈全职在家照顾她。妈妈特别爱干净，也总要求露露把物品摆放地整整齐齐，尤其对露露翻箱倒柜的行为极为不满，也经常因此而批评她。一次，妈妈在看手机，露露实在无聊，就把家里的衣服全部翻出来挨件试一试。妈妈发现后批评了她，要她立刻把衣服都收拾好。露露不开心地收拾着衣服，当她看见柜子里有一打妈妈的袜子，心里起了个坏主意，她把妈妈每双袜子的脚趾处都剪了个小洞。当然，她并没有和妈妈讲。后来妈妈穿袜子时，她才跟妈妈承认错误："妈妈，当时我太生气了，又不敢和您吼，所以就弄坏了您的袜子。"

解读

露露看似是个乖巧听话的孩子，但很多时候是在妈妈的管教下压抑自己的内心和想法，其实她是想反抗的，她的内心很压抑，只能用这种行为对妈妈表示反抗。妈妈看似是培养露露的良好行为习惯，实际压制了孩子的天性。

靠谱做法

家长跟孩子的沟通也要遵循互相平等、相互尊重的原则，不要强迫。在跟孩子沟通的过程中，可以注意以下几个方面。

- 首先，蹲下来，倾听孩子的想法。蹲下身体，和孩子的高度差不多，减少身高差对孩子的压迫感。还可以征得孩子的同意，拥抱孩子，建立情感连接。
- 其次，在制定规则的时候，要和孩子一起商量，共同定好规矩，因为有孩子自己的参与，在执行的时候，就会激发出来孩子对规则的尊重和自控力。妈妈可以跟露露说："你是想玩换装游戏吗？妈妈可以一起陪你，不过这个游戏结束后我们需要干什么？我们要把所有的衣服收拾好。"
- 最后，在提醒孩子遵守规矩的时候，注意温和而坚定。态度是温和的，可以表达对孩子的爱和尊重，但是，也要坚定的申明双方共同制定的规则。

世界育儿公开课
助你缓解养育焦虑

在阅读和游戏中培养良好的生活习惯

世界各国都有很多优秀的关于孩子生活习惯培养的绘本。而亲子阅读能给孩子愉快的阅读体验，通过书中的主人公，让孩子受到启发，产生共鸣，在潜移默化中形成良好的生活习惯。

比如有关孩子刷牙的绘本，有日本的《牙虫大搬家》，有德国的《牙齿大街的新鲜事》等，这些绘本都会让孩子对不刷牙的后果产生很清晰的认识，并且明白牙虫子最喜欢的食物是什么，孩子了解到不刷牙的危害，自然就会每天积极主动地去清除牙虫子，养成爱刷牙的好习惯。

游戏是每个孩子都热爱的，孩子在游戏中练习那些他们日后需要的技能。孩子也会进行象征性游戏，假想自己是谁，会和谁一起，遇到什么人和事，会发生什么样的事情。在这个过程中，孩子把可能遇到的情况模拟出来，感知可能的结果，是孩子最好的学习方式。

孩子们也会自发地把绘本里的人物和情节以游戏的方式表现出来。比如，看了《牙齿大街的新鲜事》，会扮演牙齿警察，抓到迫害牙齿的坏蛋，会帮助牙齿打败坏蛋。在这个游戏中，又重温了保护牙齿的注意事项，在现实生活中，就会有意识地去刷牙、漱口，形成良好的生活习惯。

专 · 题

巧妙应对孩子磨蹭

很多家长会因为孩子的拖拉磨蹭而火冒三丈甚至雷霆大怒，通过发脾气的方式去震慑孩子，刚开始可能比较奏效，然而没过几天，孩子又会原形毕露。而且孩子的拖拉磨蹭行为似乎并没有减少，反而越来越严重，亲子关系也一再发出警报。

• 孩子的问题行为都是家长不当养育的反馈

包办型家长剥夺孩子的自立能力

很多家长在孩子穿衣、整理书包笨手笨脚时，干脆就帮忙整理；孩子吃饭弄得满地都是，于是就喂饭。这种方式自然就剥夺了孩子锻炼的机会，让孩子产生依赖性，最终使其丧失自立自强的动力。

拖拉型家长养育的孩子想不拖拉都难

有的家长自身就是资深的拖延症患者，立很多目标，却把时间都虚度了，而不去执行。孩子在生活中不知不觉也模仿了家长的行为，家长却没有意识到这种行为的严重性，只顾着催促孩子，引起孩子的逆反心理：“你自己都做不到，凭什么总要求我？”

“四有”原则，培养孩子的自理能力

有目标

当孩子做一件事情的时候，家长首先应该想的是做这件事可以培养孩子哪方面的能力。比如训练孩子穿鞋、穿衣服，目的就是为了培养孩子的自理能力；培养孩子做事认真、专注，是为孩子养成良好的学习习惯打基础。

有方法

培养孩子某种能力的时候，要考虑孩子是否已经掌握了基本方法。比如穿鞋，如果孩子没有掌握正确的穿鞋方法，家长就需要从最基本的动作分解、示范开始，教孩子如何正确穿鞋，当他会穿鞋后，可以锻炼他快速穿鞋。在训练孩子穿鞋的过程中，家长很可能遇到孩子不配合等情况，那么这时候就需要家长运用比赛或者做游戏的方法来引导孩子。

有评估

当孩子做一件事情的时候，家长恰当而适时的评估是很有必要的，家长的一句鼓励，“嗯，比昨天有进步”，对孩子来说都是他们能够坚持下去的动力。

有反馈

家长的反馈可以通过直观的方法呈现给孩子，比如做个表格、利用打卡表，在孩子表现良好时贴上贴纸，或者记上孩子喜欢的符号。这样的反馈孩子就会知道自己坚持的成果，也能看到自己的不足。

问答直播间

网络热点难题解答

孩子和小朋友一起玩，把家里弄得乱七八糟，我该怎么教导？

孩子4岁了，经常到小朋友家串门，小朋友也经常到我们家串门。每次不论在谁家玩，孩子都会把玩具拿出来，床上、桌子上、沙发上到处都是，然后留下一片狼藉。有时我会唠叨、命令甚至威胁，让他们把玩具收起来，可是往往都没用，真不知道该怎么办。

答

很多父母都不喜欢孩子把家里弄得一团糟。其实可以和孩子一起把玩具分好类，把不同类的玩具分别放到不同的箱子里，在孩子玩玩具前告诉他，每次只能玩一个或两个箱子里的玩具，如果不想玩了，需要把这些玩具收拾好，才能继续玩别的玩具，而且态度要坚定。不管是在自己家还是去别人家，都可以这样要求。

孩子睡觉前把鞋子往旁边一甩，从来不摆放好，我该怎么办？

孩子已经6岁了，每天晚上上床之前都会把鞋子一甩，然后就不知道甩到哪里去了，第二天早上起来找半天。说了孩子很多次，可是他仍旧不改，真不知道该怎么办！

答

家长可以试着在床边，想让孩子放鞋子的地方画两个脚印，然后每天晚上睡觉的时候，和孩子比赛，看谁能把鞋子准确无误地放到“脚印”里，这样时间长了，孩子就会戒掉之前随便甩鞋子的毛病，就会规规矩矩地把鞋子整齐地摆放在地上了。而且这种方法更像游戏，孩子也容易接受。

孩子在学校睡午觉，在家就不睡，该怎么办？

孩子在幼儿园都能坚持午睡，然而周末或者放假的时候就会玩得很疯，怎么哄都不睡午觉，有时候到了下午四五点钟就会特别疲惫，这时要让他睡的话，晚上七八点钟会醒来，又会影响晚上睡觉。孩子越大精力越旺盛，都不知道该怎么让他午睡了。

答

并不是所有的孩子都需要午睡，有的孩子精力比较旺盛，也不能强求孩子午睡。很多时候家长希望孩子能够午睡，也是因为自己比较疲乏，想在孩子午睡期间放松一下。在 3~6 岁这个阶段，家长可以跟孩子讲，中午的时候需要安静地休息一会儿，这样下午才能更有精力玩。而且爸爸妈妈也需要休息，他可以选择午睡，也可以选择安安静静玩一会儿，前提是不能打扰爸爸妈妈休息。其实，这也是给孩子建立日常惯例的一种方式，当孩子认为午睡是一种习惯，并且适应这种习惯时，就会愿意加入到午睡的队伍中。

爸爸爱玩游戏，怎么能够不影响孩子？

爸爸是个游戏迷，经常在家玩游戏，导致孩子最近也跟着玩，我不让孩子跟爸爸玩游戏，孩子却对我说：“爸爸可以玩，为什么我就不可以玩？”

答

也不能说为了孩子就完全抹杀家长的爱好，但建议家长不要在孩子面前玩或不要一次玩太长时间。游戏对孩子的吸引力是巨大的，而很多游戏具有暴力倾向，对孩子会产生不利影响。其实家长的以身作则很重要，家长爱看书，孩子爱看书的概率就会大些；家长爱运动，孩子在家长的带领下也会爱运动；家长爱打游戏，则很难阻止孩子打游戏。

附录 献给父母和孩子的亲子互动清单

游戏清单

游戏名	推荐年龄	游戏规则	收获
青蛙跳	3~5 岁	在地上画几个圈当荷叶，孩子和家长轮流当小青蛙，依次蹦到圈里为成功	锻炼孩子的弹跳力和身体掌控力。这个游戏能促进亲子感情
石头剪刀布	3~6 岁	握紧拳头为石头，伸出食指和中指为剪刀，伸出手掌、五指分开为布。石头砸剪子，剪子剪布，布包石头	可以锻炼孩子的手口协调能力和应变能力，孩子在玩的过程中会推测对方出什么，并根据自己的本次输赢来决定下次出什么，也可以锻炼推理预测能力
家庭保龄球	4~6 岁	用六个矿泉水瓶子按照三二一的个数排列，用一个球击打矿泉水瓶子，看一次能击倒多少，击倒多者胜	锻炼孩子的手眼协调能力，并促进孩子的大动作能力，锻炼手臂的掌控力。孩子比赛的过程中，赢了可以增加信心，输了则可以锻炼孩子的受挫能力，并鼓励孩子遵守游戏规则
木头人	3~6 岁	一人在前走，其余人随后追，前面走的人猛回头，喊“木头人”，追随者要立刻停止，保持姿势不动，动者输	锻炼孩子的专注力和控制力。孩子在游戏中，可以想出好玩的姿势，并控制自己的表情和动作

亲子阅读书单

书名	推荐年龄	书名	推荐年龄
我妈妈	1~3 岁	忙忙碌碌镇	3~6 岁
我爸爸	1~3 岁	牙齿大街的新鲜事	3~6 岁
大卫不可以	1~5 岁	快乐的一天	3~6 岁
我绝对绝对不吃番茄	1~6 岁	小威向前冲	3~6 岁
我和我的疯姐姐	2~4 岁	冬天的虫子去那儿了	4~6 岁
小熊和最好的爸爸	2~5 岁	小狮子的反抗	4~6 岁
蚂蚁和西瓜	2~6 岁	不要随便摸我	4~6 岁
花格子大象艾玛	3~6 岁	神奇的校车	4 岁 +

动画片

动画片名	推荐年龄	动画片名	推荐年龄
小猪佩琦	3 岁 +	鹬	4 岁 +
汪汪队立大功	3 岁 +	疯狂动物城	4 岁 +
工程车汤姆	3 岁 +	包宝宝	4 岁 +
超级飞侠	3 岁 +	情绪的表达	4 岁 +
失物招领	3 岁 +	大圣归来	5 岁 +
变色龙	3 岁 +	冰雪奇缘	5 岁 +
迷你特工队	4 岁 +	海洋奇缘	5 岁 +
螺丝钉	4 岁 +	飞屋环游记	5 岁 +
头脑特工队	4 岁 +		

3~6 岁儿童阶段性能力发展及教养简表

能力发展	3~3.5 岁	3.5~4 岁	4~4.5 岁	4.5~5 岁	5~5.5 岁	5.5~6 岁
整体特质	快乐、友善	焦虑、叛逆	夸张、过度	沉静、内敛	随和、内敛	复杂、困惑
动作能力	四肢动作顺畅		动作的协调性和平衡性提高，手指的灵活性和精细度提高		协调性强，手指动作娴熟，活动量减少	
语言能力	语言能力突飞猛进，乐意接受新词汇；开始注重语法，个别孩子可能会出现短暂的口吃		语言学习能力突飞猛进，有强烈的表达欲，并且能够明确表达自己的想法		有较强的表达欲，语言表达更清晰	
认知能力	时间概念发展，会简单计数		对时间、空间的感知增强，对数量的感知提高，喜欢数数		对时间概念基本理解，空间概念进一步增长，有方向感。形象思维占主导地位，但已逐渐出现抽象逻辑思维	
人际关系	喜欢有人陪着玩，并且和其他孩子可以良好互动，有与小朋友合作的意识		交往自主灵活、积极主动，与兄弟姐妹的关系往往视自己的喜好和年龄而定。与同龄人互动交流逐渐增多		与兄弟姐妹能够和谐相处，尊敬老师长辈。结束一对一的交往，喜欢多人群体交往	
饮食习惯	基本可以独立进食，但对自己不喜欢的食物，需要家长给予鼓励		大多可独立进食，胃口变好，吃饭速度也加快了		可以独立进食，食欲增加，会经常提出自己喜欢的菜式	

续表

能力发展	3~3.5 岁	3.5~4 岁	4~4.5 岁	4.5~5 岁	5~5.5 岁	5.5~6 岁
睡眠习惯	睡眠质量较以前有所提高，可以尝试分床睡				上床睡觉变得相当顺利，睡眠时间有规律	
读写习惯	对主题是交通工具、动物等的书籍比较感兴趣		喜欢具有戏剧性的故事，喜欢有趣味、韵律强的诗歌等		自编故事时依然带有暴力色彩。对符号、文字等感兴趣，并且愿意书写	
卫生习惯	刷牙、洗手需要大人督促		父母稍作提醒，就可以自主完成刷牙、洗手		刷牙、洗手等可自主完成，但有时会不想去做	
敏感期	执拗：比较执拗于自己建立的秩序 色彩：感知并认识色彩 语言：喜欢模仿，可恰当运用一些成语；喜欢说诅咒性话语，或对脏话感兴趣 逻辑思维：喜欢问各种“为什么”，打破砂锅问到底 绘画：痴迷涂鸦		情感：会表达自己的情感，也在意别人对他的情感，尤其是父母是否爱他 审美：开始关注环境和衣着，女孩子表现更明显 数学概念：对数量、数字产生兴趣 符号：对识字、符号、拼读等感兴趣		数学逻辑：对数的序列、概念和概念之间的关系产生兴趣 规则：开始了解自己和他人的基本权利，喜欢遵守和共建规则，合作意识形成	
与孩子相处的技巧	制作惯例表，让孩子学会自我管理。不要试图通过各种训练提高孩子的能力，给他足够的关爱和支持即可		控制自己的负面情绪；利用正面管教的方法巧妙地给孩子设置一些行为规范；用富有挑战性的事物吸引孩子；经常与孩子交谈，与孩子建立安全的亲密依恋关系		充分了解孩子，尊重并信任孩子；用爱来引导孩子；允许孩子发泄自己的情绪；用平常心对待孩子的“犯错”行为	

3~6 岁儿童身高体重参照标准

3~6岁男童身高标准值（单位：厘米）

年龄	月龄	-3sd	-2sd	-1sd	中位数	+1sd	+2sd	+3sd
3 岁	36	86.3	90	93.7	97.5	101.4	105.3	109.4
	39	87.5	91.2	94.9	98.8	102.7	106.7	110.7
	42	89.3	93	96.7	100.6	104.5	108.6	112.7
	45	90.9	94.6	98.5	102.4	106.4	110.4	114.6
4 岁	48	92.5	96.3	100.2	104.1	108.2	112.3	116.5
	51	94	97.9	101.9	105.9	110	114.2	118.5
	54	95.6	99.5	103.6	107.7	111.9	116.2	120.6
	57	97.1	101.1	105.3	109.5	113.8	118.2	122.6
5 岁	60	98.7	102.8	107	111.3	115.7	120.1	124.7
	63	100.2	104.4	108.7	113	117.5	122	126.7
	66	101.6	105.9	110.2	114.7	119.2	123.8	128.6
	69	103	107.3	111.7	116.3	120.9	125.6	130.4
6 岁	72	104.1	108.6	113.1	117.7	122.4	127.2	132.1

3~6岁女童身高标准值（单位：厘米）

年龄	月龄	−3sd	−2sd	−1sd	中位数	+1sd	+2sd	+3sd
3岁	36	85.4	88.9	92.5	96.3	100.1	104.1	108.1
	39	86.6	90.1	93.8	97.5	101.4	105.4	109.4
	42	88.4	91.9	95.6	99.4	103.3	107.2	111.3
	45	90.1	93.7	97.4	101.2	105.1	109.2	113.3
4岁	48	91.7	95.4	99.2	103.1	107	111.1	115.3
	51	93.2	97	100.9	104.9	109	113.1	117.4
	54	94.8	98.7	102.7	106.7	110.9	115.2	119.5
	57	96.4	100.3	104.4	108.5	112.8	117.1	121.6
5岁	60	97.8	101.8	106	110.2	114.5	118.9	123.4
	63	99.3	103.4	107.6	111.9	116.2	120.7	125.3
	66	100.7	104.9	109.2	113.5	118	122.6	127.2
	69	102	106.3	110.7	115.2	119.7	124.4	129.1
6岁	72	103.2	107.6	112	116.6	121.2	126	130.8

3~6岁男童体重标准值（单位：千克）

年龄	月龄	-3sd	-2sd	-1sd	中位数	+1sd	+2sd	+3sd
3岁	36	10.61	11.79	13.13	14.65	16.39	18.37	20.64
	39	10.97	12.19	13.57	15.15	16.95	19.02	21.39
	42	11.31	12.57	14.00	15.63	17.50	19.65	22.13
	45	11.66	12.96	14.44	16.13	18.07	20.32	22.91
4岁	48	12.01	13.35	14.88	16.64	18.67	21.01	23.73
	51	12.37	13.76	15.35	17.18	19.30	21.76	24.63
	54	12.74	14.18	15.84	17.75	19.98	22.57	25.61
	57	13.12	14.61	16.34	18.35	20.69	23.43	26.68
5岁	60	13.50	15.06	16.87	18.98	21.46	24.38	27.85
	63	13.86	15.48	17.38	19.60	22.21	25.32	29.04
	66	14.18	15.87	17.85	20.18	22.94	26.24	30.32
	69	14.48	16.24	18.31	20.75	23.66	27.17	31.43
6岁	72	14.74	16.56	18.71	21.26	24.32	28.03	32.57

3~6岁女童体重标准值（单位：千克）

年龄	月龄	−3sd	−2sd	−1sd	中位数	+1sd	+2sd	+3sd
3岁	36	10.23	11.36	12.65	14.13	15.83	17.81	20.10
	39	10.60	11.77	13.11	14.65	16.43	18.50	20.90
	42	10.95	12.16	13.55	15.16	17.01	19.17	21.69
	45	11.29	12.55	14.00	15.67	17.60	19.85	22.49
4岁	48	11.62	12.93	14.44	16.17	18.19	20.54	23.30
	51	11.96	13.32	14.88	16.69	18.79	21.25	24.14
	54	12.30	13.71	15.33	17.22	19.42	22.00	25.04
	57	12.62	14.08	15.78	17.75	20.05	22.75	25.96
5岁	60	12.93	14.44	16.20	18.26	20.66	23.50	26.87
	63	13.23	14.80	16.64	18.78	21.30	24.28	27.84
	66	13.54	15.18	17.09	19.33	21.98	25.12	28.89
	69	13.84	15.54	17.53	19.88	22.65	25.96	29.95
6岁	72	14.11	15.87	17.94	20.37	23.27	26.74	30.94

- 以上4个表格参考《中国7岁以下儿童生长发育参照标准》。
- “中位数”，表示处于人群的平均水平；“-1sd”和“+1sd”，分别表示中位数上下1个标准差范围之内，属于“正常范围”，代表了68%的儿童；如果在“(-2sd~-1sd)或者(+1sd~+2sd)”，即中位数上下2个标准差范围之内，提示“偏矮(高)”，代表了27.4%的儿童；如果在“(-3sd~-2sd)或者(+2sd~+3sd)”，即中位数上下3个标准差之内，提示“矮(高)”，代表了4.6%的儿童；极少儿童在3个标准差之外，比例小于0.5%。

学龄前儿童膳食宝塔

膳食宝塔共分五层。膳食宝塔中建议的各类食物摄入量均指食物可食部分的生重。

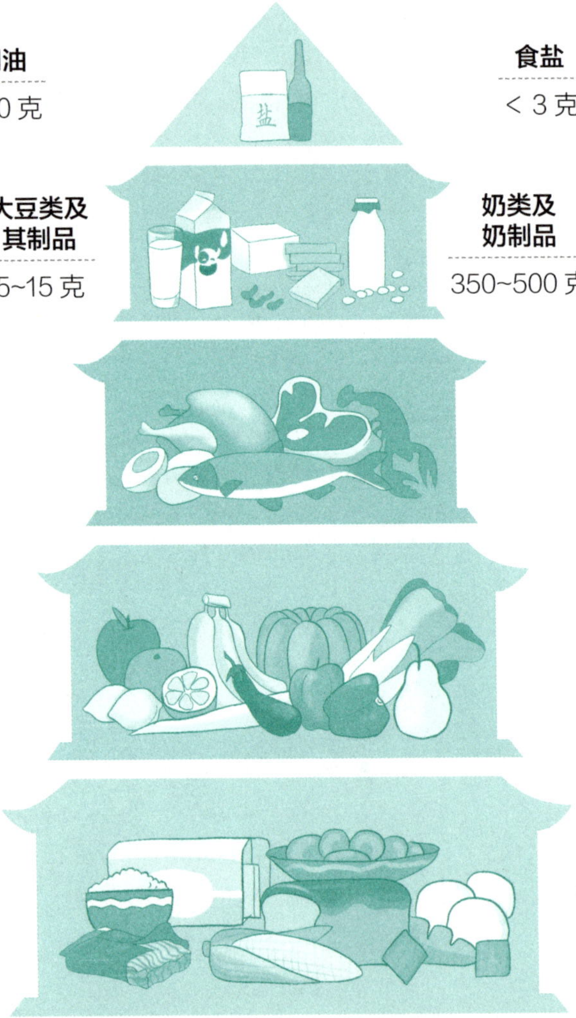

	2~3 岁	4~5 岁
食盐	< 2 克	< 3 克
食用油	15~20 克	20~25 克
奶类及奶制品	500 克	350~500 克
大豆类及其制品	5~15 克	15 克
鱼、虾、肉、蛋类	50~70 克	70~105 克
蔬菜类	200~250 克	250~300 克
水果类	100~150 克	150 克
谷类（米饭、面条等）	85~100 克	100~150 克

饮水（包括饮水和膳食中的汤水和牛奶）

2~5 岁孩子每天水摄入总量 1300~1600 毫升

注：该表数据源自人民卫生出版社 2016 版《中国居民膳食指南》

吃对一日三餐，身体才能棒棒的

3~6 岁正处于发育旺盛期，良好的饮食习惯有助于孩子摄入均衡的营养。一日三餐怎么吃，对孩子来说非常重要。

早餐

要求搭配合理，即粗细搭配、干稀搭配、荤素搭配，还要注意营养均衡，比如可以有麦片粥、西蓝花小煎饼、蜂蜜煎蛋、牛奶、卤牛肉片、黄瓜拌木耳等。早餐要摄入足够的碳水化合物，以维持正常的血糖水平。

午餐

午餐提供的热量应该占全天总热量的 30%~40%。午餐应该增加蛋白质的摄入，主食多样化，适量搭配水果、蔬菜。不宜饭后立即入睡，因为饭后消化系统处于工作状态，立马午睡会降低消化功能，饭后至少应等 30 分钟再午睡。

晚餐

进餐时间不宜太晚，应在 18:00 之前，晚餐后运动量相对减少，可适当减少蛋白质、脂肪类食物的摄入，晚餐吃八成饱即可。

加餐

尽量以水果、牛奶、坚果、即食小糕点等作为加餐。加餐量不宜多，以不影响正餐为原则。

健康必备功能营养食谱

补钙食谱

小白菜丸子汤

材料 小白菜40克，猪肉馅50克，鸡蛋清1个。

调料 盐1克，高汤、香油各适量。

做法

1. 小白菜洗净，切段；猪肉馅加盐、鸡蛋清拌匀，用手挤成小丸子。
2. 汤锅置火上，加高汤煮沸，下小丸子煮熟，下小白菜段煮沸，加入香油调味即可。

功效 补钙、补铁，对便秘也有很好的改善功效。

小黄鱼豆腐汤

材料 小黄花鱼200克，豆腐100克。

调料 葱花、姜片各适量。

做法

1. 小黄花鱼去鳞、内脏，洗净；豆腐洗净后焯水，捞出沥干，切小块。
2. 油锅烧热，爆香葱花、姜片，放入小黄花鱼略煎，倒入3碗清水，放入豆腐块焖煮15分钟即可。

功效 小黄花鱼肉质鲜嫩，富含磷脂、蛋白质。小黄花鱼和豆腐都是含钙丰富的食物，这是一道补钙佳肴。

牛奶枸杞银耳羹

材料 干银耳10克，牛奶120毫升，枸杞子10克。

调料 白糖少许。

做法

1. 将银耳提前泡发；将枸杞子洗净。
2. 锅中放适量水，加银耳，大火烧开后转小火，加枸杞子继续炖煮10分钟，关火。
3. 倒入牛奶拌匀，加白糖调味即可。

功效 牛奶是儿童必不可少的补钙佳品；银耳含有多糖类物质，可以增强抵抗力；枸杞子有抗疲劳、保护眼睛的功效。

三彩豆腐羹

材料 豆腐30克，油菜40克，南瓜、土豆各50克。

做法

1. 油菜择洗干净，焯熟，切碎；南瓜洗净后去皮、瓤，切块；土豆洗净，去皮切块，和南瓜块一起放入蒸锅蒸熟，取出后分别捣成泥。
2. 豆腐用清水冲一下，放入开水锅中煮10分钟，捞出沥水，研成泥，放入油菜碎、南瓜泥、土豆泥拌匀即可。

苋菜面

材料 细面条100克，苋菜50克，玉米粒20克。

做法

1. 苋菜择洗干净，切小段；玉米粒洗净后煮熟，用料理机打成玉米泥备用。
2. 将细面条、苋菜段入沸水锅中煮至熟烂后盛出，倒入玉米泥搅拌均匀即可。

功效 苋菜中钙的含量比较丰富，是蔬菜中的佼佼者，有助于促进宝宝成长。

虾仁乌冬面

材料 乌冬面30克，虾仁3个，番茄半个，冬瓜100克。

调料 盐少许。

做法

1. 虾仁洗净，挑去虾线；番茄洗净，去皮，切小块；冬瓜洗净，用勺挖出冬瓜球。
2. 油锅烧热，放入番茄块炒出汤汁。
3. 加适量水，烧开后放入虾仁、冬瓜球，再次烧开后放入乌冬面，煮至面熟，加盐调味即可。

功效 虾仁富含钙、硒、锌，搭配番茄有促食、健骨的作用。

银鱼烧豆腐

材料 豆腐80克，小银鱼30克。

调料 酱油、香油各1克，葱花、姜末各3克。

做法

1. 将豆腐洗净，切块；小银鱼烫熟备用。
2. 小银鱼、豆腐块放入锅中，加入酱油、葱花、姜末和清水，用小火加热至小银鱼、豆腐熟，淋香油即可。

功效 银鱼、豆腐富含钙、蛋白质，可以补充优质蛋白质和钙。

鸡蛋炒莴笋

材料 鸡蛋1个，莴笋50克。

调料 盐1克。

做法

1. 莴笋洗净，去皮，切片；鸡蛋磕入碗中打散。
2. 锅内倒油烧热，倒入鸡蛋液翻炒后，再加莴笋片和清水炒熟，加盐调味即可。

功效 鸡蛋含有磷、钙、卵磷脂等，对促进骨骼和大脑发育很有好处。

补铁食谱

鸭血豆腐汤

材料 豆腐、鸭血各 50 克，小白菜 40 克。

调料 香油少许。

做法

1. 将小白菜洗净，沸水焯过，捞出后切小段；将鸭血、豆腐洗净，切块。
2. 砂锅内放适量清水，放入鸭血块、豆腐块，略炒备用。
3. 将鸭血块、豆腐放锅中煮，快熟时加入小白菜段，出锅前滴入香油即可。

功效 鸭血富含蛋白质、铁等，而且铁的利用率高，是重要的补铁食材。

猕猴桃甜汤

材料 猕猴桃、苹果、梨各半个。

做法

1. 苹果、梨洗净，去皮、核，切小块，放入锅中，加没过食材的水，煮软。
2. 猕猴桃去皮，果肉切块放入锅中，煮 2~3 分钟即可。

功效 猕猴桃中含有丰富的维生素 C，有助于促进铁吸收，调节免疫力。

菠菜猪血面

材料 猪血 30 克，菠菜 3 棵，面条 50 克。

调料 香油适量。

做法

1. 猪血洗净，用沸水焯烫片刻，捞出后切小块；菠菜择洗干净，用沸水焯烫后切碎。
2. 锅中加适量水，水开后放入面条煮软，放入猪血块，小火煮至面熟，放入菠菜碎略煮片刻，滴两滴香油即可。

功效 猪血是很好的补铁食物，且胆固醇含量低，一周食用 1~2 次有很好的补血作用。

鸡肝萝卜面

材料 鸡肝 30 克，白萝卜 50 克，面条 40 克。

做法

1. 鸡肝剔除筋膜，洗净，蒸熟，捣成泥。
2. 白萝卜洗净，去皮，切碎。
3. 将面条掰成小段，和白萝卜碎一起放入沸水锅中煮至软烂后捞出，放入鸡肝泥拌匀即可。

功效 鸡肝含铁丰富，是很好的补铁食物。白萝卜有促进消化、增强食欲的作用。

胡萝卜烩木耳

材料 胡萝卜150克，水发木耳50克。

调料 姜末、葱末各5克，盐2克，料酒、白糖、生抽各适量。

做法

❶ 胡萝卜洗净，去皮，切片；木耳洗净，撕小朵。

❷ 锅置火上，倒油烧至六成热，放入姜末、葱末爆香，下胡萝卜片和木耳翻炒，加入料酒、生抽、盐、白糖，翻炒至熟即可。

功效 木耳含铁，搭配胡萝卜，不但可补铁，还可促进视力发育。

沙茶牛肉

材料 牛肉200克，柿子椒70克。

调料 香菜段10克，沙茶酱、淀粉、料酒各8克，蚝油、姜末各3克。

做法

❶ 牛肉洗净，切薄片，加料酒、蚝油、淀粉腌渍入味；柿子椒洗净，去蒂，切丝。

❷ 锅置火上，倒油烧至六成热，放入牛肉片炒至变色，盛起待用。

❸ 锅置火上，倒油烧热，爆香姜末，放入柿子椒丝翻炒，加牛肉片快速翻炒，再加沙茶酱炒匀，撒香菜段即可。

猪肝圆白菜卷

材料 猪肝50克，豆腐40克，胡萝卜半根，圆白菜叶2片。

调料 盐少许，淀粉适量。

做法

❶ 猪肝剔去筋膜、切成片，用清水浸泡30～60分钟后蒸熟；豆腐洗净，和猪肝一起放入料理机打成泥；胡萝卜洗净，去皮，切碎；圆白菜叶用开水烫软。

❷ 将猪肝豆腐泥和胡萝卜碎一起放入碗中，加盐调匀制成馅料。

❸ 圆白菜叶平铺，中间放入馅，卷起包住，用淀粉封口。

❹ 猪肝圆白菜卷放入蒸锅中加适量水，蒸熟即可。

鲜茄肝扒

材料 猪肝、面粉各50克，茄子150克，番茄1个。

调料 生抽、盐、白糖、水淀粉各适量。

做法

❶ 将猪肝洗净，沥水后切碎，用生抽、盐、白糖腌渍片刻；将茄子洗净切块，蒸软后压成泥。

❷ 茄泥与猪肝碎、面粉拌成糊后捏成厚块，煎至两面金黄。

❸ 将番茄洗净，焯烫，去皮切块，略炒，用水淀粉勾芡，淋在肝扒上即可。

补锌食谱

豆芽丸子汤

材料 黄豆芽40克，猪里脊肉150克。

调料 水淀粉、盐各少许。

做法

1. 猪里脊肉洗净，剁成肉泥，加水淀粉、盐，用筷子顺着一个方向搅上劲；黄豆芽洗净。
2. 锅中加适量清水，烧开后，用勺子舀出一个个丸子放入锅中，再次煮开后转小火煮熟，放入黄豆芽，煮熟即可。

功效 黄豆芽含有膳食纤维，有助于预防宝宝便秘；猪里脊富含铁、锌，有助于预防宝宝贫血。

牛肉胡萝卜粥

材料 牛肉20克，胡萝卜40克，大米30克。

做法

1. 牛肉洗净，切碎，用沸水焯一下；胡萝卜洗净，去皮，切丁。
2. 大米淘洗干净，加适量水煮成粥，加入牛肉碎、胡萝卜丁一起煮熟即可。

功效 牛肉中肌氨酸含量高，对肌肉增长、增强体力特别有效，而且牛肉富含维生素B_6和锌、镁，可调节免疫力。

松仁薯泥

材料 红薯80克，熟松仁30克，玉米粒20克，鸡蛋黄1个，奶油10克。

调料 蜂蜜适量。

做法

1. 红薯洗净，去皮，放入烧沸的蒸锅中蒸20分钟，取出后凉凉，用勺子刮成泥，放入鸡蛋黄、奶油和玉米粒，搅匀。
2. 锅置火上，放油烧热，倒入红薯泥，小火翻炒均匀，盛入盘中，淋入蜂蜜，撒上熟松仁即可。

蛤蜊蒸蛋

材料 蛤蜊5个，鸡蛋1个，虾仁2个，鲜香菇2朵。

做法

1. 蛤蜊放水中浸泡，让其吐净泥沙，再放入沸水中焯烫至张开，取出蛤蜊肉。
2. 香菇洗净，焯熟，切碎；虾仁、蛤蜊肉切碎。
3. 鸡蛋打散，加入蛤蜊碎、虾仁碎、香菇碎，搅拌均匀，蒙上保鲜膜，用牙签扎几个透气孔。
4. 蒸锅中加水，水开后将鸡蛋液入蒸锅，隔水蒸15分钟即可。

红菇炖蒸鸡

材料 净土鸡 300 克，干红菇 15 克。

调料 姜片 8 克，盐 2 克。

做法

❶ 净土鸡洗净，斩小块，放入开水中焯去血水后放入砂锅中，加入适量清水和姜片，上锅蒸 30 分钟，放入炖锅中。

❷ 干红菇去蒂，用水泡发，洗净，放入炖鸡锅中，继续炖 20 分钟，加盐调味即可。

功效 红菇富含 B 族维生素，鸡肉含锌和优质蛋白质，搭配食用营养更丰富。

清蒸牡蛎

材料 新鲜牡蛎 500 克。

调料 生抽适量。

做法

❶ 新鲜牡蛎用刷子刷洗干净。

❷ 锅内放水烧开，将牡蛎平面朝上、凹面向下放入蒸屉。

❸ 蒸至牡蛎开口，再过 3 ~ 5 分钟出锅，蘸味汁食用即可。

功效 牡蛎富含蛋白质和锌，有补锌、滋阴的作用。

干贝蒸蛋

材料 鸡蛋 1 个，干贝 20 克。

调料 葱末 3 克，盐 1 克。

做法

❶ 干贝泡软后切碎；鸡蛋打散。

❷ 将干贝碎、盐加入鸡蛋液中，加适量水拌匀，放入蒸笼中，用小火蒸 10 分钟。

❸ 出锅前，撒上葱花即可。

功效 干贝富含锌，与鸡蛋搭配，营养更为全面。

牛肉酿豆腐

材料 牛里脊肉、豆腐各 100 克。

调料 姜片 10 克，盐少许，淀粉适量。

做法

❶ 把姜片放在小碗中，加少许温水泡 15 分钟。

❷ 牛里脊肉切小块，洗净，放入料理机中打成泥。

❸ 取适量姜水倒入牛肉泥中，用手反复抓匀，再放入盐、淀粉和植物油，用筷子朝一个方向搅拌均匀。

❹ 将豆腐切成长块，用小勺挖掉 2/3，摆盘。

❺ 将拌好的牛里脊肉泥用勺填入到豆腐中。取蒸锅加清水，将豆腐放入锅中，水开后继续大火蒸 20 分钟即可。

健脑益智食谱

鱼头海带豆腐汤

材料 鲢鱼头 200 克，泡发海带、豆腐各 100 克，鲜香菇 5 朵。

调料 葱段、姜片各 5 克，盐 2 克。

做法

1. 将鱼头治净，用刀切开；将香菇洗净，去蒂，划十字；将豆腐洗净，切小块；将海带洗净，切段。
2. 将鱼头、香菇、葱段、姜片和清水放入锅中，大火煮沸，撇去浮沫，加盖改用小火炖至鱼头快熟，拣去葱段和姜片。
3. 放入豆腐块和海带段，继续用小火炖至豆腐和海带熟透，加盐调味即可。

三文鱼豆腐汤

材料 净三文鱼 40 克，豆腐 50 克，紫菜 3 克。

调料 葱花适量。

做法

1. 三文鱼肉切小块；豆腐洗净，切小块；紫菜撕小片。
2. 锅置火上，加水烧开，放入三文鱼块煮熟，加紫菜片、豆腐块煮 2 分钟，最后撒上葱花即可。

功效 三文鱼肉质紧实鲜美，富含 DHA，可促进大脑发育。

蛋黄玉米羹

材料 鲜玉米粒 100 克，鸡蛋 1 个。

做法

1. 鲜玉米粒洗净，放入料理机打成蓉；鸡蛋洗净，磕开，取蛋黄，打散。
2. 将玉米蓉放入锅中，加没过食材的水，大火煮沸后转小火煮 20 分钟。
3. 转大火，倒入蛋黄液，不停搅拌至煮沸即可。

功效 玉米富含 B 族维生素，鸡蛋富含卵磷脂，可促进脑细胞代谢，有利于健脑。

芋头南瓜煲

材料 核桃 1 个，芋头、南瓜各 50 克，葡萄干 10 克。

做法

1. 核桃取核桃仁，掰碎；葡萄干洗净，用温水泡软。
2. 芋头洗净，去皮，切块；南瓜洗净，去皮去瓤，切块。
3. 油锅烧热，放入南瓜块和芋头块，翻炒 1 分钟，加稍没过食材的清水煮开，放入核桃碎，用小火继续煮 20 分钟，盛出后点缀葡萄干即可。

功效 核桃所含的优质脂肪是脑细胞的主要成分之一，有健脑益智作用。

黑芝麻豆浆

材料 黑芝麻 20 克，黄豆 40 克。

调料 白糖 2 克。

做法

❶ 将黄豆洗净，浸泡 8 小时；将黑芝麻洗净，炒熟，捣碎。

❷ 将黄豆放入全自动豆浆机中，加入适量清水，煮好后调入黑芝麻碎和白糖即可。

功效 这款豆浆富含钙、锌等，常食能健脑益智。

核桃红豆豆浆

材料 核桃 2 个，红豆 50 克。

做法

❶ 核桃取核桃仁；红豆洗净，用清水浸泡一晚。

❷ 将核桃仁和泡好的红豆一起放入豆浆机中，加适量清水打成豆浆即可。

功效 核桃富含亚油酸和 α－亚麻酸、蛋白质、镁、磷等，具有补脑健脑的作用。

紫菜鲈鱼卷

材料 鲈鱼肉 100 克，紫菜 1 张，鸡蛋清 1 个。

调料 盐 1 克。

做法

❶ 将鲈鱼肉洗净，去刺，将鱼肉剁成泥，加入鸡蛋清搅上劲，再加盐调味；将紫菜平铺，均匀抹上鱼泥，卷成卷。

❷ 锅置火上，倒入适量水，放入鲈鱼卷隔水蒸熟，取出后切段即可。

功效 鲈鱼肉富含不饱和脂肪酸、蛋白质等营养物质，有促进大脑、调节免疫力的功效；紫菜富含胆碱、钙、铁、碘等，有助于骨骼、牙齿的生长。

金针菇菠萝什锦饭

材料 菠萝 150 克，鸡蛋 1 个，豌豆、玉米粒各 20 克，金针菇 30 克，洋葱 80 克，胡萝卜半根，米饭适量。

做法

❶ 菠萝洗净，底部切掉，从 1/3 处切开，挖出菠萝肉，切小块后用清水泡 10 分钟。

❷ 鸡蛋打散成蛋液；洋葱剥去老皮，切丁；胡萝卜洗净，去皮，切丁；豌豆、玉米粒分别洗净，用沸水焯熟；金针菇洗净，切掉根部，焯熟，切小段。

❸ 平底锅中放植物油，把洋葱丁、胡萝卜丁、豌豆、玉米粒、金针菇段先放入锅中，小火翻炒一下，再倒入米饭一起翻炒至略显金黄，倒入菠萝块和鸡蛋液，大火翻炒至鸡蛋凝固，盛到菠萝中即可。

健脾开胃食谱

鲫鱼汤

材料 鲫鱼1条。

调料 姜片、橘皮各10克，盐2克。

做法

❶ 将鲫鱼去鳞、鳃和内脏，洗净，打花刀；将姜片、橘皮一起用纱布包好，填入鱼腹内。

❷ 锅内加适量水，放入处理好的鲫鱼，小火炖熟，加盐调味即可。

功效 鲫鱼对脾胃虚弱有食疗作用。

黄花菜瘦肉粥

材料 大米、猪瘦肉各50克，干黄花菜10克。

做法

❶ 大米洗净，捞出，沥干；猪瘦肉洗净，切小丁；干黄花菜泡发后洗净，切小丁。

❷ 锅内加水，放入大米煮滚，用小火慢慢熬煮，待粥稠后加入肉丁、黄花菜丁煮沸即可。

功效 黄花菜含有丰富的胡萝卜素、维生素C、钙等，与猪肉搭配，能够提高抵抗力，还有促食开胃的作用。

虾仁山药

材料 山药80克，虾仁50克，玉兰片、白果、水发木耳各30克。

调料 葱花、姜丝各5克，料酒4克，盐2克。

做法

❶ 山药洗净，去皮，切小块；玉兰片切丁；虾仁洗净；木耳撕成小朵；白果焯水。

❷ 锅置火上，放油烧热，下葱花、姜丝炒出香味，放虾仁、玉兰片丁、白果、木耳和山药块翻炒，加盐、料酒炒至熟即可。

功效 山药有健脾胃的作用，虾仁富含钙和蛋白质，有补虚的作用。

山楂藕片

材料 山楂500克，莲藕200克，冰糖100克。

做法

❶ 山楂洗净，去蒂去核，对切两半；莲藕去皮，洗净，切薄片。

❷ 锅中放少量水，倒入山楂、冰糖，大火煮开后转小火熬煮成黏稠的山楂酱。

❸ 另取锅，加适量水煮沸后，放入藕片焯熟，捞出沥干，摆盘，淋上适量熬好的山楂酱即可。

功效 酸甜的山楂搭配清香爽口的藕片，有健胃增食欲的作用。

润肺止咳食谱

海带木瓜瘦肉汤

材料 水发海带40克，木瓜100克，百合10克，猪瘦肉30克。

调料 盐少许。

做法

1. 海带洗净，切片；百合洗净，浸泡2小时；木瓜去皮去子，切块；猪瘦肉洗净，切小块，焯烫备用。
2. 锅内加适量水煮开，放入海带片、木瓜块、百合和瘦肉块，烧开，小火煲2小时，加盐调味即可。

功效 海带搭配木瓜一起食用能清热解毒，去燥润肺。

白萝卜山药粥

材料 白萝卜50克，山药20克，大米40克。

调料 香菜末4克，盐、香油各1克。

做法

1. 白萝卜洗净，去皮，切小丁；山药洗净，去皮，切小丁；大米洗净，用水浸泡30分钟。
2. 锅置火上，加适量清水烧开，放入大米，用小火煮至八成熟，加白萝卜丁和山药丁煮熟，加盐调味，撒上香菜末，淋上香油即可。

川贝炖雪梨

材料 雪梨1个，川贝、冰糖各10克。

做法

1. 将雪梨洗净，从顶部切下梨盖，再用勺子将梨心挖掉，中间加入川贝和冰糖。
2. 用刚切好的梨盖将梨盖好，拿几根牙签从上往下固定住。
3. 将梨放在大碗里，隔水炖30分钟左右，直至整个梨成透明状即可。

功效 有滋阴润燥的功效，适合阴虚燥咳者食用。外感风寒导致的咳嗽不宜食用。

木耳蒸鸭蛋

材料 干木耳5克，鸭蛋1个。

调料 白糖少许。

做法

1. 将木耳泡发后洗净，切碎。
2. 鸭蛋打散，加入木耳碎、白糖，添少许水，搅拌均匀，隔水蒸熟即可。

功效 木耳和鸭蛋均有滋阴润肺的功效，一起搭配食用，有润肺止咳的作用。

图书在版编目（CIP）数据

3～6岁性格能力培养/石艳芳编著．—北京：中国轻工业出版社，2020.10
ISBN 978-7-5184-3087-1

Ⅰ．①3…　Ⅱ．①石…　Ⅲ．①幼儿教育—家庭教育
Ⅳ．①G781

中国版本图书馆CIP数据核字（2020）第126335号

责任编辑：付　佳
策划编辑：翟　燕　付　佳　　责任终审：李建华　　封面设计：悦然文化
版式设计：杨　丹　　责任校对：朱燕春　　责任监印：张京华

出版发行：中国轻工业出版社（北京东长安街6号，邮编：100740）
印　　刷：艺堂印刷（天津）有限公司
经　　销：各地新华书店
版　　次：2020年10月第1版第1次印刷
开　　本：710×1000　1/16　印张：13
字　　数：220千字
书　　号：ISBN 978-7-5184-3087-1　定价：39.80元
邮购电话：010-65241695
发行电话：010-85119835　传真：85113293
网　　址：http://www.chlip.com.cn
Email：club@chlip.com.cn
如发现图书残缺请与我社邮购联系调换
191259S3X101ZBW